筑紫哲也の大回心

天国からの緊急メッセージ

大川隆法
RYUHO OKAWA

まえがき

まったく予想しない展開であった。

数百回にわたる公開霊言で、私が明確に特定の人物を招霊しているのに、割り込んできて本一冊分の霊言をするというのは、ハプニングというには驚きが多すぎ、失敗というよりは、予期せぬ霊界の「リアリティ」を見せつけられた思いだった。質問者も、会場の聴衆も、おそらく同じ思いであったろう。

先週、田原総一朗《たはらそういちろう》氏の守護霊霊言のあと、「筑紫哲也《ちくしてつや》さんが準備しているようだよ」と一言述べた。頭の片隅には置いていたが、今週の初めの月曜日には、私は「原爆投下は人類への罪か?」と題して、米国、トルーマン大統領とF・ルーズベルト大統領の霊にそれぞれ戦争責任を問うた。驚くべき結果だった。

そして、水曜日（六月五日）に、中曽根康弘元総理の守護霊を呼ぼうとした時、本書の幕が切って落とされたのだった。あとはとにかく読んでもらうしかない。

二〇一三年　六月六日

幸福実現党総裁《こうふくじつげんとうそうさい》　大川隆法《おおかわりゅうほう》

筑紫哲也の大回心　目次

筑紫哲也《ちくしてつや》の大回心《だいかいしん》

――天国からの緊急《きんきゅう》メッセージ――

二〇一三年六月五日　筑紫哲也の霊示《れいじ》
東京都・幸福の科学総合本部にて

10 「大いなる反省」が進むマスコミ界　166

「霊言現象《れいげんげんしょう》」とは、あの世の霊存在の言葉を語り下ろす現象のことをいう。これは高度な悟《さと》りを開いた者に特有のものであり、「霊媒現象《れいばいげんしょう》」（トランス状態になって意識を失い、霊が一方的にしゃべる現象）とは異なる。

なお、「霊言」は、あくまでも霊人の意見であり、幸福の科学グループとしての見解と矛盾《むじゅん》する内容を含《ふく》む場合がある点、付記しておきたい。

筑紫哲也《ちくしてつや》の大回心《だいかいしん》

――天国からの緊急《きんきゅう》メッセージ――

二〇一三年六月五日　筑紫哲也の霊示《れいじ》
東京都・幸福の科学総合本部にて

筑紫哲也《ちくしてつや》（一九三五～二〇〇八）

日本のジャーナリスト、ニュースキャスター。大分《おおいた》県生まれ。早稲田《わせだ》大学政治経済学部卒業後、朝日新聞社に入社。政治部記者、沖縄《おきなわ》特派員、ワシントン特派員、外報部次長、テレビ朝日「日曜夕刊！ こちらデスク」のメインキャスター、「朝日ジャーナル」編集長、編集委員などを歴任。朝日新聞退社後は、TBS「筑紫哲也NEWS《ニュース》23《ツースリー》」のメインキャスター、「週刊金曜日」編集委員などを務めた。

質問者　※質問順

綾織次郎《あやおりじろう》（幸福の科学上級理事 兼《けん》「ザ・リバティ」編集長）

加藤文康《かとうぶんこう》（幸福実現党総務会長）

黒川白雲《くろかわはくうん》（幸福実現党政調会長 兼 出版局長）

［役職は収録時点のもの］

1 「中曽根康弘《なかそねやすひろ》 元総理の守護霊霊言《しゅごれいれいげん》」を試みる

大川隆法　今日は、総合本部からの要望で、「中曽根康弘《なかそねやすひろ》さんの守護霊《しゅごれい》を呼んでいただきたい」とのことです。確かに、戦後、長らく政界で活躍《かつやく》なされましたので、ご意見を伺《うかが》ってみたい方だと思います。

中曽根さんは、私の四十年近い先輩《せんぱい》でもあり、大正七年生まれで今は九十五歳《さい》ということですので、私の父より三つぐらい上になります。

昭和十六年に東京帝国《ていこく》大学法学部政治学科を卒業後、内務省に入り、海軍に入って終戦を迎《むか》え、内務省に戻《もど》ったあと衆議院選挙に出て、二十回当選し、五十六年ぐらい国会議員をされました。

戦後、五十年以上国会議員を務めたのは四人しかいないそうですが、自民党に七十三歳定年制が敷《し》かれたため、引退されました。

普通《ふつう》、首相を引退したら、消えていくというか、何も意見を言わなくなるものですが、この方は、引退後も、本を出されたり、テレビに出られたり、長く知的活動を続けておられます。その意味で、印象的な方ではあります。

おそらく、首相を辞《や》められてしばらくして書いたものだと思いますが、私がずいぶん昔に読んだものに「蔵書が四万冊ある」と書いてあったので、そうとうな読書家であったと思います。その後も、悠々自適《ゆうゆうじてき》で、もっと勉強されているかもしれません。

引退されたあとも、本が出続けているのは大したものです。肉体的にも精神的にもご立派で、半世紀以上、活躍するのは大変なことでしょう。

この方は、戦後の議会制民主主義を知り尽《つ》くしておられると思いますし、戦争も体験なされておりますので、現在の日本が抱《かか》えている論点については、十分にご意見を持っておられると思います。

また、「少数派閥《はばつ》を率いながら、総理になったあとに評価が上がった」という意味では驚《おどろ》くべき人です。ずっと派閥としては小さかったのですが、総理になってから国民の支持率がグーッと上がってきて、大統領型の総理を目指された方ではあります。

自民党総裁の任期は、普通は四年がマックス（上限）なのですが、〝ご褒美《ほうび》〟で一年延長されて、五年間総理をされました。「総理になってから、だんだん尻上《しりあ》がりに評価が上がってくる」という意味では、珍《めずら》しい方でしたね。それだけ準備も十分だったのでしょう。

若いころは、青年将校と言われて、右翼《うよく》的なタカ派の発言が多いように思われていたのですけれどもね。

さらに、当会については、何かと気にかけて見ておられるのではないかと感じています。

本来、ご帰天《きてん》後の霊言《れいげん》でなければならない時期ではあるものの、まだ、ご帰天なされていないので、百歳まででも頑張《がんば》って生きてくだされば結構かと思います。

失礼ながら、「中曽根・元総理　最後のご奉公《ほうこう》―遺言《ゆいごん》―」という題にしようかと思ったのですが、やはり「遺言」では縁起《えんぎ》が悪いかもしれません。もし、さらに長生きをされ、百歳を超《こ》えて生きられた場合、「遺言」というのは少し申し訳ないと思い、「中曽根・元総理　最後のご奉公―日本かくあるべし―」という題を付けました。

「日本かくあるべし」という観点から、現在の日本に、利害を超えてのメッセージを下さればありがたいと思います。

また、ずっと後進の者ではありますが、幸福実現党についてもご存じでしょう。今の中曽根さんは、自民党からも一定の距離《きょり》を取れると思うので、幸福実現党をどのように見ておられるのか、アドバイス等を頂ければ幸いであると考えております。

（質問者に）では、呼んでみますね。

出てくださるとは思いますが、少しだけ障《さわ》りがないわけではありません。順番的に先に出たかった人が一人いたので、少し障りがあるようです。中曽根さん（守護霊）については総合本部からの要請《ようせい》だったのですが、すでに「予言された人」が一人いたようではあるので、なるべく邪魔《じゃま》をされずに、こちらをお呼びできればと思います。

それでは、中曽根康弘 元総理大臣、中曽根康弘 元総理大臣。

どうか幸福の科学総合本部にご降臨たまいて、われらに来《きた》るべき未来についての指針を降ろしてくださいますよう、心の底よりお願い申し上げます。

中曽根康弘 元総理大臣。

どうか、われら後進の者のために、導きの言葉を下さいますよう、心の底よりお願い申し上げます。

（約二十秒間の沈黙《ちんもく》）

2　割り込《こ》んで登場した筑紫哲也

筑紫哲也の順番を飛ばしたのは「ルール破り」？

綾織　こんにちは。中曽根《なかそね》元首相の守護霊《しゅごれい》様でいらっしゃいますか。

筑紫哲也　違《ちが》うんだな。

綾織　ほ?!

筑紫哲也　君たちは、ルールを破った。

綾織　はい？

筑紫哲也　ルールを破っただろう？

綾織　ほう？　「ルール」とは？

筑紫哲也　前にやった人（田原総一朗《たはらそういちろう》守護霊）が予言してたじゃないか。

綾織　はいはい。

筑紫哲也　筑紫哲也を飛ばして、やっていいと思ってるの？　用意してたのに。そういう差別はいけないよ。私のほうが最近の人だよ。

綾織　え？　筑紫哲也さんなのですか。

筑紫哲也　もう、「今日呼ばれる」と思って、私は待ってたんだ（会場笑）。指名が違うんだけど。あなたね、テレ朝ばっかり攻《せ》めたって駄目《だめ》じゃないの？　やはり、ＴＢＳをちゃんとやってくれなきゃいけないじゃないの。

綾織　え？　すみません。確認ですけれども、筑紫哲也さん、ご本人ですか。

筑紫哲也　そうですよ！　待ってたんだ。もうずいぶん待ってんだよ！　一週間を超《こ》えて待ってるんだよ！　この人（中曽根元総理の守護霊）でいいの？　ほんとにやるの？　やってもいいけどさあ、いや、僕《ぼく》は、君たちを応援《おうえん》しようと思って待ってたんだ。

綾織　応援するつもりなんですか。

筑紫哲也　そうなんですよ。テレ朝とは違って、応援する気でいたんだよ。

綾織　ほお……。

加藤　筑紫哲也さん……。

筑紫哲也　間違いないです！

加藤　ああ、そうですか。

筑紫哲也　はい。

二週間ぐらい〝呪文《じゅもん》〟をかけて出番を待っていた

加藤　しかし、今日は、中曽根元総理の……。

筑紫哲也　出版が悪いんだ。出版がチョンボしたのを知ってるよ、僕。あれで失敗したんだろう？　古舘《ふるたち》で。あんなチョンボをするから、私が飛ぶんだよ！（注。『バーチャル本音対決──TV朝日・古舘伊知郎《いちろう》守護霊vs.幸福実現党党首・矢内筆勝《やないひっしょう》──』〔幸福実現党刊〕の発刊が事情により少し遅《おく》れたことを指している）

綾織　いえいえ。チョンボかどうかは分かりません。

筑紫哲也　うーん。

加藤　しかし、物事には順番がございますので……。

筑紫哲也　君、一週間から二週間、待たされてるんだからさあ、それはないんじゃないかな。

綾織　はい。私たちも楽しみにしていました。

筑紫哲也　君らは当選したいだろう?

綾織　はい。

筑紫哲也　当選したいだろう?　中曽根さんじゃ当選しないよ(会場笑)。僕のほうじゃないと当選しないよ。まあ、時間が余ったら（中曽根元総理の守護霊に）回してあげるけど、今、私が粘《ねば》って、へばりついてるからね。もう二週間ぐらいは〝呪文《じゅもん》〟をかけてあるから、そんな簡単に……。

「大川隆法の著作を読んでいた」という筑紫哲也

綾織　ちょっとお伺《うかが》いしたいのですが、なぜ、「ここに出たい」と思われたのでしょうか。

筑紫哲也　私ねえ、大川隆法さんのファンなのよ。

綾織　ほお。そうですか。

筑紫哲也　うん。あんたら、分からなかったの？

綾織　いや、これは初耳です。

筑紫哲也　ファンだったのにさあ、なんで呼んでくれないのよ。なんで敵ばかり呼ぶのよ。え？

綾織　ファンというと、生前から、大川総裁の著作を読まれていたわけですか。

筑紫哲也　読んで、ファンだったんですよ。

綾織　ほお。

筑紫哲也　だから、本多勝一《ほんだかついち》さんと一緒《いっしょ》にしないでよ。まあ、たまたま、同じ釜《かま》の飯《めし》を食ったことはあるけれども。

綾織　そうですね。一緒に仕事をされていましたね。

今回、急いで出てきた理由

筑紫哲也　あ、すまんねえ。全然、題名が変わっちゃって。時間が余れば、中曽根さん（守護霊）に回しますから。彼は長生きしてるから、まだまだ頑張《がんば》るでしょう。まだまだ、五年や十年頑張ると思うから。

私はねえ、君たちを何とか勝たせなきゃいけないから、急いで出てきているんであって……。

綾織　ほお、ほお。

筑紫哲也　出版社長のゆっくりした仕事だと、私は、君らの次の衆院選に回されるからさあ。やはり、苦しいでしょう？　連敗をそろそろ止めないとさ。

綾織　何とか頑張ろうとしています。

筑紫哲也　うん。絶対、テレ朝は応援しないから、こちらのほう（ＴＢＳ）を応援に回さなきゃいけないので、私を出す必要があるんだ。

「NEWS《ニュース》23《ツースリー》」に大川隆法を呼ぼうとしていた？

綾織　すみません。「大川総裁のファンだった」とのことですが……。

筑紫哲也　これ、中曽根の顔を見るの嫌《いや》だから（机上《きじょう》に置いてあった、顔写真付きの中曽根氏プロフィールを裏返す）。

綾織　はいはい（笑）（会場笑）。
どの部分を「いい」と思われていたのでしょうか。生前から、ですよね？

筑紫哲也　いやあ、すごいんじゃない？

綾織　ほお。すごい？

筑紫哲也　うんうん。いや、すごいと思ったよ。なんで、「NEWS《ニュース》23《ツースリー》」に出てくれないの？

綾織　いやいや。言ってくだされば、それは……。

筑紫哲也　いや、言ったよ。言ったんだよ！

綾織　あっ！　そうなんですか。

筑紫哲也　「NEWS23」で、俺《おれ》、「大川隆法さん、出てきてください」って呼びかけたんだけど、君たちの組織は、いったい、どうなっとるんだね。

加藤　失礼ですけど、本当に筑紫哲也さんなのでしょうか（会場笑）。

筑紫哲也　そうですよ。

加藤　「大川隆法先生のファンだった」とおっしゃっていますが、いささか……。

筑紫哲也　私、ファンです。

加藤　生前の思想・信条や、キャスターとして発信していた内容を見るかぎり……。

筑紫哲也　生前の思想は別として、ファンなんです。

加藤　変わったのですか。生前は……。

筑紫哲也　思想は別として、ファンです。

綾織　ほお。

朝日新聞には「まぐれ」で入っただけで、本来は自由人

加藤　そのファンというのは、どのあたりについてですか。

筑紫哲也　いや、私はねえ、本来、そんなガチガチのイデオロギーを持ってる人間ではないんです。本来は自由人なんです。本来は自由人的な発想の持ち主なんです。たまたま、職業上、朝日新聞には、まぐれで入っちゃったんで、しょうがないんだよ。本当は入るべきでなかったんですが……。

加藤　本多勝一さんと同期で、確か入社試験に、たまたま常識問題がなかった年ということで、「常識なしの三十四年組」と言われていましたが（会場笑）。

筑紫哲也　いや、君ねえ、意外によく知ってるな。物知りなんだな。ちょっと驚《おどろ》い

たよ。

加藤　いずれ対話をさせていただくと思いまして、少し……。

筑紫哲也　あ、そうかあ？

加藤　ええ。ただ、今日は、意外な展開で驚いております。

TBSに檄《げき》を飛ばし、矢内《やない》党首の援護射撃《えんごしゃげき》をしたい

筑紫哲也　たまには、こんなこともあるさ。年に一回ぐらいは。

そうは言っても、俺は、ずーっと待ってたからさあ、しょうがないじゃないの？

ちょっとぐらい、いいじゃん。時間が余ったら回すからさ、ちょっと待ってよ。

あの（出版）社長は、絶対、俺のを（次の）衆議院選に回すから、信じてないん

だ、俺。

ちょっと一言、TBSのほうに、檄《げき》を飛ばす必要があるからさ。テレ朝に攻撃《こうげき》されると、たまらねえだろう？　俺、朝日新聞出身だけどねえ、党首（矢内筆勝《やないひっしょう》）は朝日新聞出身だろう？　撃《う》ち落とされちゃかなわんから、俺、ちょっと、援護《えんご》射撃してやろうとして待ってるんだけど、この友情を信じてほしいんだよな。

加藤　そうですか。

筑紫哲也　うん。俺、ちゃんと、「NEWS23」で、「大川隆法さん、出てきてください。出てきたら、このトロフィーをあげます」って言った覚えがあるんだけど、誰《だれ》も来なかったからさあ（注。一九九一年十二月二十三日放送の同番組で、「今年のベスト10［ことば部門］」が発表され、「幸福の科学」が第一位に輝《かがや》いた。そのため、特製のトロフィーが当会に贈《おく》られることとなった）。君らの組織は、いったい、どうなってるんだよ。

古舘《ふるたち》氏守護霊《しゅごれい》の発言は許せない

加藤　ややしつこいようで恐縮《きょうしゅく》ですが、生前の筑紫さんのいろいろな考え方や、キャスターとして発信していた内容などを見ると、やはり、大川総裁が発信している考え方とは、少し距離《きょり》があるというか、違うものを感じるのですが、本当にファンでいらっしゃったのですか。

筑紫哲也　朝日では、いちおう、外報部次長ぐらいまでは行ったかな。そういうこともあったし、週刊誌（「朝日ジャーナル」）のほうに飛ばされたり、あとはフリーになったり、また、テレビのほうに雇《やと》われたりしたこともあって、まあ、いろいろあったですけどね。

私らはねえ、何ていうか、単に一色に染め上げられて、まったく同じ行動だけをする人間ではない。いろんな人間が一つの旗の下《もと》に集まって、給料をもらってるかもしらんけど、古舘みたいにねえ、「マスコミの正義とは何ですか」って訊《き》かれて、「給料をもらうこと」って言うのは、絶対、許せないからね（前掲《ぜんけい》『バーチャル本音対決』参照）。ああいうのは許せないよ。これは絶対、反論しとかないと……。

綾織　あなたは、どういう信条で仕事をされていたのですか。

筑紫哲也　マスコミは、やはり、そうは言っても、みんなの幸福のために戦わなきゃ駄目ですよ！

綾織　はい。

筑紫哲也　あんなの、絶対、認められない。

綾織　ほお、ほお。

筑紫哲也　あれは間違ってますよ。もしかしたら、ポーズとして、気取って言ったのかもしれないけどね。ポーズとして、わざと悪びれた言い方をしたんだと思うけど、それにしてもねえ、「語るに落ちたり」だと思うよ。

矢内党首が、本多勝一の本のことを書いて（朝日に）入社したっていう話じゃないけども、俺も、たまたま、「愛読書は何ですか」っていう欄《らん》に「時刻表」って書いたのでね。それが面白《おもしろ》いので目に留まって生き残った人間だ。

よく旅行をしてたんで、旅行の仕方っていうか、国鉄をどうやって騙《だま》して……、いや、「いかに動けば、あまり金を払《はら》わずに旅行ができるか」っていうようなことを研究していたために、それを滔々《とうとう》と言ったら面白がられてしまって、たまたま、教養試験もなくて……。

（加藤に）きついことを言うなあ。

朝日の忠実な僕《しもべ》ではなかったから、地獄《じごく》に堕《お》ちなかった？

加藤　筑紫さんは、亡《な》くなられて五年がたちますが、霊界《れいかい》では、どのようなところにおられて、どのようなお仕事をされていますか。

筑紫哲也　残念ながら、地獄《じごく》じゃないんだよ。

綾織　ほお！（会場どよめき）

筑紫哲也　うん。残念だったなあ。まあ、朝日系は地獄が多いんだよ。一般《いっぱん》に地獄が多い。それは君らの言うとおりだよ。だけど、俺、地獄じゃねえんだよ。

忠実な僕《しもべ》じゃなかったからね。

綾織　周りには、どういう方がいらっしゃいますか。

筑紫哲也　うん？

綾織　今、周りにいらっしゃる方というのは？

筑紫哲也　「周りにいる方」っていうと、まあ、自由人系が多いので、うーん……。どんな人を出せば分かるかなあ。どんな人を出せば、あんたがたは納得《なっとく》するかなあ……。

綾織　やはり、ジャーナリスト仲間とかでしょうか。

筑紫哲也　ジャーナリストっていうのは、歴史がちょっと短すぎるから〝あれ〟だけど、ちょっとだけ古い人で言うと、自由民権運動をやったような人と、わりあい仲がいいんだよ。けっこう仲良くやってんの。

綾織　ほお。

筑紫哲也　だから、おたくの幹事長（江夏正敏《えなつまさとし》）とか、けっこう仲がいいんだよ、俺（『ＨＳ政経塾《じゅく》・闘魂《とうこん》の挑戦《ちょうせん》』〔ＨＳ政経塾刊〕参照）。

綾織　あっ、そうですか。

筑紫哲也　うんうん。

「自由人が伸《の》び伸びと生きられる世の中」を愛していた

加藤　今、自由人ということをおっしゃられましたが、基本的に、自由を愛するというか、自由の概念《がいねん》を大事にする考えをお持ちなのでしょうか。

筑紫哲也　俺は、朝日系と思われてるかもしれないけども、全体主義みたいなのが大嫌《だいきら》いなんだ。そういう生活や国は大嫌いだなあ。だから、左翼《さよく》のポーズは取っていたかもしれないけど、実際は、自由人が伸《の》び伸びと生きられる世の中を愛してたんでね。

「週刊金曜日」は大慌《おおあわ》てしてるようだけどさあ、同じじゃないからね、言っとくけど（注。二〇一三年五月十五日、「週刊金曜日」の元編集長〔現・編集委員〕である本多勝一氏の守護霊霊言を収録し、『本多勝一の守護霊インタビュー』〔幸福実現党刊〕として発刊）。

綾織　はい。ということは、いわゆる左翼的なスタンスではなくて、戦後の民主主義を大事にし、個人個人の尊厳を守っていくような立場を取られていた？

筑紫哲也　俺は、古舘なんかと全然違って、「良心」「正しい心」「みんなの幸福」というのをいつも考えていたよ。大した信念ではないかもしれないし、庶民《しょみん》の代表としての考えではあるけど、そういう良心に基《もと》づいて、「みんな幸福な世の中が来るといいなあ」と考えてた。

まあ、「戦争に反対している」というよりは、「世界の平和が実現するといい」という気持ちであって、君たちの言う、単なる「赤」の、左翼の平和論者とは違う面があったんじゃないかな。

綾織　その意味では、先般、芦部信喜《あしべのぶよし》さんという、東大の憲法学の教授をされていた方を招霊《しょうれい》してお話を伺ったのですが（『憲法改正への異次元発想』〔幸福実現党刊〕参照）、個人の幸福をすごく大事にする考えを持っておられて、かなり高い世界に還《かえ》られているようです。

筑紫哲也　うーん。まあ、学者さんだからねえ。

綾織　考え方としては、そういう流れだと考えてよいのでしょうか。

筑紫哲也　うーん……。そんなに難しいことは言わないんだけど、「どうしたら、みんなにとって、いい流れをつくれるか」というか、「どっちに持っていったほうが、多くの人が幸福になれるか」ということは、いつも考えていたんでね。

反近代的な主張もあったように見えるかもしれないけど、基本的には、「一人ひとりが、自分の個性を発揮して、伸び伸び生きられるような世の中がいい」と思ってたんだよなあ。
　ガチガチの朝日人ではなく、「中道《ちゅうどう》」を歩んでいたつもり
黒川　筑紫さんは、「少数派の意見を報道することを信念とされていた」と伺いましたけれども……。
筑紫哲也　うんうん。
黒川　やはり、そういう思いはあったのでしょうか。
筑紫哲也　まあ、印象は薄《うす》いのかもしれないけど、僕は僕なりの「中道《ちゅうどう》」を歩んでたつもりではいるんだ。
　君たちの選挙運動を、まったく応援してあげられなくて申し訳ないね。僕の番組

だったら、出してあげるつもりがあったんだけどな。

マスコミと喧嘩《けんか》ばかりしないほうがいいよ。味方もつくらないと。

綾織　はい。そうしますと、朝日系にしろ、毎日系にしろ、歴史問題や憲法問題などで、反戦的な立場で訴《うった》えていても、良質の部分があるわけですか。

筑紫哲也　うん。いやねえ、朝日の人には、ちょっと違う人も一部いるとは思うんだけど、反権力的なポーズを取りながら、権力主義思考を持ってる人もいっぱいいるのよ。

つまり、「自分たちのイデオロギーで染め上げたい。従う人をつくりたい」っていう意味での権威《けんい》主義者的な方もいるし、そのなかに優秀《ゆうしゅう》な人はいっぱいいると思うよ。

しかし、俺みたいに、「時刻表が愛読書です」と言って入ったような人間が、そんなのと明らかに違うのは、はっきりしてる。たまたま入ってしまった口なんだけどね。

うーん、何て言うかなあ。でも、「ちょっとは世の中のお役に立ちながら、自分も、そこそこ自己実現できたらいいなあ」ぐらいの平凡《へいぼん》なおやじさんと言えば、そのとおりなんだけどな。

俺も、何度も挫折《ざせつ》しながら生きてはきたので、まあ、そういうガチガチの朝日人とは、ちょっと違うんだよ。

3　天上界《てんじょうかい》から見える「世界の動き」

「天安門《てんあんもん》事件よりずっと大きいもの」が迫《せま》っている

綾織　ただ、一方で、筑紫さんは、歴史問題に関して、小泉《こいずみ》政権時代に、靖国参拝《やすくにさんぱい》問題などでかなり厳しい批判をされていましたので、やはり、歴史の見直しに対しては反対のスタンスを貫《つらぬ》かれていたと思います。

最近も、安倍《あべ》首相が、村山《むらやま》談話や河野《こうの》談話の見直しをしようとしましたが、結局、アメリカから横槍《よこやり》を入れられて取り下げたという状態です。

しかし、この歴史の見直しをすることは、先ほどおっしゃっていた国民の幸福を考える上でも、どうしても必要なことだと思うのですが、今はどうお考えでしょうか。

筑紫哲也　ちょうど、あの世に還《かえ》ってからの時期と重なったので、君たちの言動等は見てました。

ほんとは、一度、大川さんと対談したかったんだけど、今の僕《ぼく》の感じから見ると、君たちの言ってることは全部当たるよ。当たると思うわ。

「中国に対して擁護《ようご》的な意見を言う」というのが戦後の左翼《さよく》の流れであったし、実際、中国が、庇護《ひご》されるというか、保護される立場に長らくあったことは事実なんだよ。中国が、「みんな貧しくて、発展が後《おく》れてるのは、戦前の日本の軍事行動によって国土が荒廃《こうはい》したせいだ」と長らく信じてたのは事実だ。

でも、「実際は、国内政治が悪いためだった」ということが分かってきているし、今、こちらの世界からは、中国のなかで、ものすごい紛争《ふんそう》が起きてるのが見えるんだよ。今、習近平《しゅうきんぺい》になってから、特に強くなってきてるけども、アレルギーが吹《ふ》き出している。

だから、言論統制をものすごくかけてきてるけど、今、中国自体には、経済の自由を追い求めた結果、情報の自由が進んできているところがあるし、留学して帰ってきてる人もすごく多いからね。そのため、下と上の権力闘争《とうそう》が始まって、天安門《てんあんもん》事件より、もっともっと、ずっと大きいものが迫《せま》ってきている感じがする。

例えば、香港《ホンコン》は、ＣＮＮのアジアの中継拠点《ちゅうけいきょてん》になってるけども、ＣＮＮだって、香港で放送ができるかどうか、もうギリギリのところだからね。「中国の国内政治について報道したら、取り潰《つぶ》しにくるかもしれない」というような戦いだ。

習近平《しゅうきんぺい》は近年中にフィリピンとベトナムへ侵攻《しんこう》する

筑紫哲也　それから、君らが当たると思うのは、習近平《しゅうきんぺい》は、おそらく、彼の任期十年の間に、絶対にフィリピン侵攻《しんこう》とベトナム侵攻をやる。日本より先に、あっちに攻撃《こうげき》をかける。

綾織　あっ、南のほうに出ますか。

筑紫哲也　ええ。あっちへ先に出る。

綾織　ほおお。

筑紫哲也　日本よりもあっちだ。日本はうるさいからね。日本のほうはアメリカが絡《から》んでて難しいので、こっちを牽制《けんせい》しながら、フィリピンとベトナムに対しては、絶対、近年中に攻撃をかけて、戦争が起きます。

綾織　おお。

筑紫哲也　このとき、アメリカには助けてやる義務がないので、彼ら（フィリピンとベトナム）は今、急速に日本に接近しようとしている。「日本に盾《たて》になってもらいたい」という動きが、すごく出てきている。
香港や台湾《たいわん》あたりも、みんな、そうとう警戒《けいかい》に入ってきている。
つまり、「左翼のスタンス」っていうのは、戦後体制を維持《いじ》した場合の考え方の一つであって、「戦後体制が変わってきたら、考え方を変えなければいけない」っていうことだな。

加藤　私ども幸福実現党は、「中国の軍国主義、覇権《はけん》主義は、世界にとって本当に脅威《きょうい》である」と訴《うった》えております。

筑紫哲也　これは、もうすぐ分かるよ。だから、まあ、尖閣《せんかく》や沖縄《おきなわ》に脅威を与《あた》えてるかもしれないが、これはまだ本気でなくて、本当はフィリピンやベトナムに先に攻撃をかけるからね。

情勢が変われば判断も変わるのがジャーナリスト

加藤　失礼ですが、そのあたりのご認識は、生前からお持ちだったのでしょうか。

筑紫哲也　いや、死んでからだ。

加藤　生前、そこまでは分からなかった？

筑紫哲也　無理。それは無理だわ。

加藤　あの世に還ってから、もう一段高い視点でご覧になって……。

筑紫哲也　日中逆転あたりから、はっきりしてきたんじゃないかな。

加藤　ああ、ＧＤＰの逆転あたりからですね。

筑紫哲也　ＧＤＰ逆転あたりからな。

ジャーナリストっていうのは、別に、死ぬまで同じことを言い続けるだけじゃなくて、情勢が変われば判断も変わりますよ。

今、中国の国民は非常に弾圧《だんあつ》されてます。もう爆発《ばくはつ》寸前ですよ。

そのため、今の中枢部《ちゅうすう》は、イスラムのほうの革命運動みたいなのが中国に来るのを食い止めようとして、ものすごい強圧政治をやってるし、「外国に敵をつくって攻撃することで、それを黙《だま》らそう」と考えてる。

だから、君らの動きは、実に大事だと思う。

「ベトナムやフィリピンを助ける大義名分」がないアメリカ

加藤　日本も危ないとは思いますが、習近平は、まず南進するので、フィリピンやベトナムが危ないというご認識ですね。

筑紫哲也　これは、もう、まもなくというか、遅《おそ》くとも近年中には……。

加藤　この危機を乗り越《こ》えていくために、日本としては、どのような手段を取るべきでしょうか。

筑紫哲也　アメリカは、ベトナム戦争をしてさ、ベトナム人をいっぱい殺して、撤《てっ》退《たい》したんでしょう？　面子《メンツ》を保てないながら、ベトナムから撤退した。（アメリカが）そのときに戦った相手は、実は、ベトナム軍に紛《まぎ》れて入ってた中国軍だったんだからね。中国軍はベトナムの友軍だったわけだ。

その中国にベトナムが侵攻されたとき、アメリカは助けに入れないじゃない。大義名分がないもんね。

また、あなたがたが沖縄について言ってるのと同じように、中国は、フィリピンからアメリカ軍基地を追い出す工作をずーっとやってて、それが成功した。今の沖縄に工作をかけてるように、クラーク基地からの撤退工作をかけたんだけども、その結果、いざというときに、アメリカはフィリピンを助けにきてくれない可能性が強くなってきた。

これは、もう一回、戦前のシミュレーションのやり直しみたいになってきてるんだよ。ここは今、ものすごく熱くなってきてますねえ。

シリア内戦の被害《ひがい》を拡大させているアメリカの優柔不断《ゆうじゅうふだん》

綾織　生前はアメリカ特派員もされていて、アメリカについてすごく詳《くわ》しかったわけですが……。

筑紫哲也　すごく……。そうかい？

綾織　ええ。

筑紫哲也　ちょっとだけ詳しい。

綾織　はい。それで、シリアへの対応などは特にそうですが、オバマ大統領になってから、基本的に軍事的な介入《かいにゅう》はしない方向で動いています。これは、オバマ大統領の四年間、ずっと続くと見てよいのでしょうか。

筑紫哲也　危ないと思いますね。これは、すごいことになるんじゃないでしょうか。

シリアは介入の時機を逸《いっ》したでしょう？
だから、今、ヨーロッパが、反政府軍のほうに武器をどんどん支援《しえん》することを決めたし、ロシアはロシアで、政府軍のほうにミサイルを供与《きょうよ》してる。これは、外国が入っての内戦になりますから、最も避《さ》けるべきことですよね。「代理戦争を国内でやられる」っていうのは被害《ひがい》最大です。
アメリカの優柔不断《ゆうじゅうふだん》は、そこまで来てます。

綾織　同じことがアジアでも起きていて、南シナ海とか……。

筑紫哲也　次はイランだって分かんないしね。イランがどうなるか。
「アメリカ包囲網《ほういもう》」をつくりつつある習近平《しゅうきんぺい》

加藤　そうすると、アメリカは、やはり、緩《ゆる》やかに衰退《すいたい》しつつ、不介入主義というか、孤立《こりつ》主義の流れに入っていくのでしょうか。

筑紫哲也　まあ、衰退と言っても、経済と政治は別なところもあるので、必ずしも衰退と捉《とら》える必要はなく、要は、政治的な考え方なんだと思う。

オバマさんは、左翼と言えば左翼なんだろうけど、アメリカでは極左なんだろう。彼にはマイノリティに対する共感部分があるんだろうし、軍事侵攻に対するマイナスイメージを持っておられると思うけども、それが必ず平和を持ち来《きた》らすかどうかは分からない。今、アメリカの動きを見て、それを強く感じるよね。

それで、今、習近平《しゅうきんぺい》は、メキシコにも行こうとしてるでしょう?「メキシコに行く」っていうことは、どういうことかというと、「かつてソ連がキューバを友好国にしてミサイル基地をつくり、アメリカの喉元《のどもと》に突《つ》きつけたように、メキシコまで押《お》さえにかかろうとしてる」ということだ。この人は、すごいですよ。

中国は、アフリカ諸国にも、いろいろとインフラを整備し、金を撒《ま》いて、押さえにかかってきてる。アジアにも侵攻をかけてきているけど、南米や中米にも触手《しょくしゅ》を伸《の》ばし、「アメリカ包囲網《ほういもう》」をつくるつもりでいる。恐《おそ》るべき人だと思うよ。

だから、「左翼は、全部あちら（中国）の味方だ」なんて、そんなことはないよ。

4 「憲法改正」の見通し

「公正中立」でないマスコミ報道が招く国家危機への心配

綾織　そうした状況《じょうきょう》のなかで、今年の夏には参院選があり、「憲法改正」がいちばん大きな争点になると思いますが、自民党も、やや腰《こし》が引けてきています。しかし、ここで、憲法改正について、本当に「国民の信」を問わなければ、今後、非常に危険な状態が出てくるおそれもあるわけですが……。

筑紫哲也　私は、「マスコミの罪は重い」と思うよ。「マスコミが間違《まちが》うことによって、あとで取り返しのつかないことが起きるんじゃないか」と思って、今、すっごく心配してるんだよ。

マスコミが「公平・中立」であることはいいと思うんだ。公正で中立なのは構わないんだけど、それは、やっぱり、「バランスを取る」ということだと思うんだよね。だけど、そうではないでしょ?

例えば、デモの報道をするのも結構だけども、従来のマスコミの古いスタンスから言えば、反原発・脱《だつ》原発のほうを応援《おうえん》するでしょう? しかし、あなたがたが、「いや、原発を推進すべきだ」というデモをやったとしても、それを一分《いっぷん》だに報道しないだろう? 別に、全然、公平・中立ではないよね。完全な色眼鏡《いろめがね》だろ? ああいうところにも、非常に問題がある。

北朝鮮《きたちょうせん》のミサイル問題、核《かく》問題は報道しておりながら、国内の問題になると、全然、話は別になっている。

日銀がいっこうに態度を変えないために、長らく問題が続いて困ってたのとまったく同じことが、マスコミにも起きてるし、官庁にも起きてるよね。

経営陣《じん》が古くて、「新しい動きを読み取れていない」っていうのかなあ。

加藤　私ども幸福実現党は、「憲法九条の改正が急務である」ということを訴《うった》え続けていこうと思っています。

憲法のみならず「戦後体制」を全部見直すべき時が来た

加藤　ここで、いま一度、確認したいのですが、筑紫さんは、「憲法九条は、もう変えるべき時だ」と思いますか。

筑紫哲也　うーん、まあ、九条だけでなくて、戦後体制をもう一回おさらいして、全部見直したほうがいいと思う。大勢は変わった。

黒川　生前、番組で、「南京大虐殺《ナンキンだいぎゃくさつ》」や「従軍慰安婦《じゅうぐんいあんふ》」などの自虐史観を取り上げていらっしゃいましたが、そのことについてはいかがですか。

筑紫哲也　だから、それは、あれでしょ？　日本を鎖《くさり》につなぐためだけのものでしょう？　以前は、「日本を鎖につないでいるほうが危険は少なかろう」と思ってたマスコミ人が大多数であったことは事実ですよ。だけど、今は、日本に助けを求めようとする国が出てきているんでね。この時代の流れを見ないといけない。

もう、「アメリカが助けてくれない時代」が来ようとしてるんだよ。そうなったら、どうするんだい？

加藤　失礼ながら、筑紫さんは、生前、「日本国憲法は、アメリカの、いわゆる理想主義者たちがGHQに集《つど》ってつくった理想の憲法であるから、これは、指一本触《ふ》れるべきではない」という趣旨《しゅし》の発言もなさっていたのですが……。

筑紫哲也　いや、だからさ、「勉強しないで早稲田《わせだ》を卒業した人間」を、そう責めるんじゃないよ。君みたいに勉強してないんだからさ。

加藤 （笑）申し訳ございません。

国際情勢がまったく読めずに安倍叩《あべたた》きをするマスコミの能天気

綾織 筑紫さんは、いわゆる「左」と言われる人たちに対し、今でも影響力《えいきょうりょく》をお持ちですので、生前の「憲法改正反対」「歴史問題についての見直し反対」といったご意見について、現時点でのお考えをぜひお聴《き》かせいただきたいのですが。

筑紫哲也 うーん、影響力、あるかなあ？ まあ、あるかどうかは知らんけど、マスコミに「間違いを犯《おか》すな」と言いに来たんだ。「間違いを犯しちゃいけない」って言いに来たんだよ。

今のままだったら、安倍《あべ》は沈《しず》められると思うよ。

たぶん、今、マスコミでは、大阪《おおさか》の「橋下《はしもと》問題」(慰安婦発言)や「憲法記念日」を起点にして、反対勢力がまた強くなってきている。もともと、だいぶ根深いからね。だから、〝外堀《そとぼり》〟を埋《う》めてきて、「今、憲法のほうに触《さわ》らないで、景気のところだけをうまくやったら、続投は認めてやる」と言って、三年後(次期衆院選)に勝負を先延ばしする方向へ向かってるけども、「国際情勢の動きが急なのを、まったく読めていない」というか、あまりにも能天気だわな。

「政教分離《ぶんり》」を悪用して宗教をシャットアウトするマスコミ

綾織　すみませんが、生前におっしゃっていたことと、あまりにも差がありますので……。

筑紫哲也　そうか。そうかもしれないけども……。

綾織　「生前に語っていた内容は明らかに間違っていた」ということについて、一度、総括《そうかつ》を頂けるとありがたいのですが。

筑紫哲也　いやあ、それはね、社員になったら、いちおう、いろんなところで「社内教育」っていうのがあって、マニュアルで勉強することになってるからさ。みんな、「わが社の方針」や「幹部の方針」があって、その内規に縛《しば》られているので、給料をもらう……、これを言うと、古舘《ふるたち》に似てくるかもしれないが、「給料をもらう以上は、そこから大きく外れられない」っていうのはあったんだけどさ。

だから、スタート点において、俺《おれ》は、左系というわけではない。

でも、今の君らは知らないかもしれないけど、昔は、それが圧倒《あっとう》的だったんだよ。「戦争反対」「平和主義」が圧倒的でさ。「もう二度とごめんだ」って、みんな言ってたし、それで、「経済的な繁栄《はんえい》だけ享受《きょうじゅ》して、もう、近隣《きんりん》とは摩擦《まさつ》を起こさない」っていうほうの力が圧倒的に強かったよなあ。

しかし、九〇年以降は、まったく見えなくなってきただろう？　九〇年以降が見えなくなってきて、新しいリーダーが出てないんだよな。九〇年以降の新しいリーダーがね。やっぱり、ここで困ってると思うんだよね。

だから、この新しいリーダーとして、大川隆法さんが出てきたので、私個人としては注目していたんだ。

だけど、マスコミは、憲法の「政教分離《ぶんり》」のところを悪用して、宗教をまったくシャットアウトしてしまった。そして、オウム事件を奇貨《きか》として、同時に、それを宗教を封《ふう》じ込《こ》めるほうに使い、シールドを張った。「宗教は悪いことをしますよ。宗教は、戦前の『天皇護持《ごじ》』と同じものですよ」というシールドを張ったと見るね。

だから、今、これを破ろうとして、君らがやってるんだと思うけどね。いやあ、君らしかいないよ。今、本当にこれを破れるのは。

“救世主”なき自民党政権に「憲法改正」は望み薄《うす》

筑紫哲也　（日本は）韓国《かんこく》にいじめられてるけど、今、韓国自体に存立の危機が来ていることも、彼らは自覚してないよ。それを知らなきゃいけない。いったい、どこに向かって弾《たま》を撃《う》ってるのか。やっぱり、韓国の大統領や、市民運動、それから外務省に、「君ら、未来は見えてるのか？」って言わないといけない。

綾織　自民党の安倍政権では、やはり難しいですか。

筑紫哲也　ああ、今んところ、好調にやってはいるけども、また、すぐ元の自民党、つまり、「民主党に負けたときの自民党」が出てくる。

綾織　はい。

筑紫哲也　しばらくしたら出てくるので、だんだん負けてくるときに、勝つ方法がたぶん見つからないと思う。

今、「復興予算」とか、いろいろ出して、景気をよくしようとしてるけど、これが、またぞろ「流用問題」ということで、「(予算を) 利用して、別のいろんなところへ使ってますよ」という証拠《しょうこ》なんかをいっぱい挙げてきてるしね。

原発問題でも、「活断層」でいじめられてさ。「放射能」に代わって、今度は、「活断層」で原発を止めようとしてきている。

さらには、歴代の財務省が、自民党時代からずーっと言ってた緊縮《きんしゅく》財政だね。景気がちょっとよくなったら、すぐ緊縮財政に持っていって、増税をかけようとするだろう?　これで、もうあっという間に、この時代が終わっていくような気がするなあ。

だから、橋下さんあたりを沈めたあたりで、次は、あっち (安倍政権) に来ると思うので、もう、あとはないよ。あとはないと思う。うーん。

綾織　そうなると、参院選で安倍さんがある程度勝ったとしても、そのあとは、かなり混乱が出てくることになりますね。

筑紫哲也　うん。だから、あとは、自民党政権の寿命《じゅみょう》を一日も長く延ばすことだけを考えるだろうけど、自民党に〝救世主〟はいないよ。

黒川　自民党政権では、「憲法改正はできない」と見られていますか。

筑紫哲也　厳しいんじゃない？　うーん……。

橋下《はしもと》氏への国際的〝リンチ〟に見る言論弾圧《だんあつ》の兆候

筑紫哲也　従軍慰安婦問題ぐらいで、橋下《はしもと》があれだけ袋叩《ふくろだた》きに遭《あ》ったのは、「見せしめ」というか、マスコミの〝リンチ〟だよな。大阪市長にはあるまじき、「一地方自治体の長」が、国際的な〝リンチ〟を受けたでしょ？

何て言うか、「地方自治体から中央政界を動かす」なんて、実際には、あってはならないような構図ではあるんだけど、一般《いっぱん》に、左翼《さよく》的な考え方としては、「地方自治」に賛成する方向に行くんだよ。中央を弱めるからね。でも、それに賛成するようなやつが、今回のいじめに入っただろう？

これは、「隙《すき》を見せたら、思想摘発《てきはつ》に入ろう」ということだ。やっぱり、やり始めているので、だんだんものが言えない状態になってくる。

加藤　時代は本当に大きく変わっているのですが、マスコミは、その流れについていけず、相変わらず、一昔前の左翼史観なり自虐史観なりに凝《こ》り固まっていると?

筑紫哲也　うん。全然、ついていってない。ついていってないね。

弱体化する日本の政界と、急速に軍国主義化した中国

加藤　そして、「日本の政界も完全に行き詰《づ》まりつつある」というのが、筑紫さんの見方ですね?

筑紫哲也　九〇年代で、その流れがどう変わるかを見なきゃいけなかったんだけど、分からなかったよね。九〇年代では、はっきり見えなかったのは事実だ。

それで、二〇〇〇年代に入って、小泉《こいずみ》さんのときに、ちょっとだけ、まあまあ景気がよくなったりしたので、「強い自民党か」と思って、(マスコミは)また叩きに入った。ところが、アメリカのほうもだんだん弱ってきたという状況だね。

また、この十年、中国の軍国主義化が、あれだけ急進してくるのを、やっぱり、予想してなかったんだよね。十年で、今、ここまで来るっていうのは、予想してなかった。大変な国だよ。

昨日も、天安門《てんあんもん》事件二十四周年だったのに、それを弔《とむら》うことさえ許されなかったんでしょ？　亡《な》くなった方を遺族が弔うことさえ許されなかった。インターネットでは、「二十四」という数字だろうとも、「天安門」だろうとも、そういうワードを使ったものは、全部、チェックされて許さないような状態だ。

これは、「中国は今、ものすごく怖《こわ》い全体主義国家になろうとしている」ということだ。だから、自由が溢《あふ》れようとしているのに対して、また押《お》さえつけの力がすっごくかかってきてるわね。

俺が中国にいたら、当然、民衆の味方をするから、反対のほうに回りますね。

綾織　はい。

5　地上のマスコミ人に伝えたいこと

マスコミから天国への〝入社試験〟は狭《せま》き門？

加藤　これまでのお話を伺《うかが》うと、マスコミの責任や罪には、やはり非常に大きなものがあるように感じます。

筑紫哲也　そりゃあ、あるよ。いくらでもある。だから、マスコミから天国へ行くなんて、どれほど狭《せま》き門か、分かってるの？（会場笑）

マスコミに入るための入社試験は、どこも、ものすごく難しいが、「マスコミから天国へ入る〝入社試験〟」は、まったくもって難しい。さらに狭き門だ。

何が「筑紫哲也の思想」を変えたのか

綾織　筑紫さんの、その変化のプロセスを、もう少し詳《くわ》しくお教えいただけませんか。

筑紫哲也　いや、厳しいなあ……。

綾織　こちらが言うのも変なのですが、あまりにも生前との差が大きい場合には、霊言《れいげん》の信憑性《しんぴょうせい》にかかわってきますので……。

筑紫哲也　そうか。やっぱり、産経新聞に勤めてなきゃ、これは駄目《だめ》か。

綾織　いえ、そんなことはないのですが（綾織は元・産経新聞記者）。

筑紫哲也　うーん。

黒川　何か「思想が変わった瞬間《しゅんかん》」といいますか……。

綾織　死後、いろいろと勉強されていたわけですよね?

筑紫哲也　いや、してたんだよ。確かに、それはしてたんだけどね、うーん……。でも、俺《おれ》、やっぱり、朝日のなかでは変人だったのよ。おたくの党首（矢内筆勝《やないひっしょう》）と一緒《いっしょ》でさ。全部が一緒じゃないんだよ。

だから、朝日人のなかにも、今だって、幸福の科学のシンパは、何割かいるよ。ちゃんと読んで勉強してる。特に、若い人のほうはかなり影響《えいきょう》を受けてるけど、上の層がまだちょっと頑張《がんば》ってるね。みんな、知性もあれば理解力もあるからさ。それは、やっぱり感性の問題で、どう感じるかの問題だけど、そうは言ったって、朝日のなかも、今の中国と同じ状態だよ。「押《お》さえつけ」に対して、「体制を引っ繰《く》り返す力」が吹《ふ》き出そうとしてきてるから、これは分からないよ。本当に変わるかもしれない。

綾織　はい。

マスコミ人より不勉強な大川隆法の弟子《でし》たちに田原《たはら》氏が義憤《ぎふん》

黒川　この前、田原総一朗《たはらそういちろう》さんの守護霊《しゅごれい》との対談のなかで、「マスコミ界のグランド・マスターやマスコミの経営陣《じん》にいる人たちは、大川隆法総裁の話を非常に研究していて、いざというときには、朝日は日本を守る防波堤《ぼうはてい》になる」とおっしゃっていたのですが、そのあたりの真相はどうなのでしょうか（『田原総一朗守護霊 vs. 幸福実現党ホープ』〔幸福実現党刊〕参照）。

筑紫哲也　田原さんは、ああいう人だからね。自分なりの論争パターンをつくって、そのかたちに則《のっと》ってやるから、そういうふうに見えることもあるかもしれないけど、まあ、あの人自身は勉強家だよ。

むしろ、幸福の科学の弟子《でし》たちが、あんまりだらしないのを、すごく怒《おこ》っておられますね。「もうちょっといい弟子に恵《めぐ》まれたら、もっと仕事ができるんじゃないか」とね。「弟子のほうの理解力が低い」っていうことを、すごく、すごく、気にしていましたね。

マスコミ人は、（大川隆法の）言ってることがよく分かるのに、弟子のほうが分かってない。「なんでこれが分からないんだ！」っていうところがある。言ってることが分かってない。「勉強してないから、分かってない」っていうのがあるね。

つまり、意外に、弟子のほうは「宗教だ」と思って、宗教の信仰《しんこう》だけを一生懸命《いっしょうけんめい》にやってるんだけど、大川さんから発信されているなかの政治・経済的なものの意味を、弟子は分かってない。マスコミ人が捉《とら》えてみたら、言ってることの意味がけっこう分かるんだけども、なかにいる弟子のほうがあまり分かってないのよ。何だか分からないけど、「信仰、信仰」と言ってるだけでね。

だから、田原さんは、これに対して義憤《ぎふん》を感じていらっしゃるね。やっぱり「(弟子は）不勉強だ」ということで、義憤を感じていらっしゃる。

社の報道方針に縛《しば》られたサラリーマン族の困惑《こんわく》

筑紫哲也　今、見てごらんなさいよ。田原もそうだし、ほかの保守系の言論人もそうだけど、だいたい、自分の評価が確立した人ほど、ちゃんと認めてるでしょう？　大川さんをちゃんと認めてる。

認めないでいるのは、社の方針に従わなきゃいけない種族。サラリーマン族たちが認められないで、まあ、困ってるわけですよ。このへんが言えない。言ったら、危ないからね。言えないでいる。

ＮＨＫにだって、実は今、侵食中《しんしょく》だと思うんですよ。ＮＨＫだって、実は、良心がある人はいるんでね。

中国寄りの報道をしていたことは事実だと思うよ。それが、たぶん、「日本のためになる」と思ってたんだろう。でも、「日中の友好状態が続いていくほうがいい」と思ってやってた人たちは、ハンドルを急に切れないんだよ。今までやってきたことと辻褄《つじつま》が合わないからさ。

「マスコミ人は全部悪だ」と思わないでほしい

加藤　筑紫さん、少しお話が戻《もど》ってしまうのですが……。

筑紫哲也　うん。

加藤　今、綾織からの質問に対して、「いわゆるマスコミ人、特に左翼《さよく》系のマスコミの方が、天国、天上界《てんじょうかい》に還《かえ》るのは、本当に難しいことだ」というお話でしたが、失礼ながら、その点、筑紫さんはどこが違《ちが》ったのですか。

筑紫哲也　いやあ……、きついねえ。それが、〝教養試験〟を受けなきゃいけないの。○×で、「信仰心がありますか？」から始まって、神様のことについて……。

加藤　そういう問題ではなく、どのあたりが鍵《かぎ》だったのですか。

筑紫哲也　うーん……。

加藤　それは亡《な》くなられたあとに気づきがあったのか。あるいは、生前、すでに、何らかのしっかりした考えをお持ちだったのですか。

筑紫哲也　いや、全体的にフワッとしてた人間であるのでね。鉄のような、岩盤《がんばん》のような信仰……、いや、信念が何かあってやってたわけではないので、あれなんだけども……。

うーん……、「どこが違うか」ってねえ……。いやあ、マスコミ人の仲間が全部悪だとは思ってほしくないのよ。

加藤　決して、そうは思っておりませんが。

筑紫哲也　マスコミ人のなかにも、「本当の『良心』や『善』、『真理』とは何か」って思ってる人は、やっぱりいるんだよ。思ってはいるけど、それをつかめないでいる人がいる。マスコミのなかにも「求道者《ぐどうしゃ》」はいるのよ。

マスコミに「丸山眞男《まるやままさお》の間違《まちが》い」を見抜《みぬ》く知力はなかった

筑紫哲也　ただ、時流のなかで、いろんな事件のなかで、「それが何なのか」っていうことを見分けていくのは、とても難しい。分からなければ、ワンパターンに、反体制的に切っていけば、いちおう議論としてはできるし、ものも書けるからさ。

君らは、「マスコミは、みんな、政治的なことで書くことがなくなったら、だいたい、丸山眞男《まるやままさお》を読めば書ける」って言ったでしょ？（『NHKはなぜ幸福実現党の報道をしないのか』〔幸福の科学出版刊〕参照）君らに、その〝御本尊《ごほんぞん》〟のところを引っ繰り返されてしまったら、これが全部、逆になってくるじゃないですか。はっきり言って、私たちの知力では、例えば、「丸山眞男の間違《まちが》い」を見抜《みぬ》く力はないですよ。残念ながらね。なあ？（黒川に）早稲田《わせだ》の政経、そうだよな？

黒川　はい（笑）。

筑紫哲也　そんなの無理だよ。なあ？　丸山眞男の、あの難しい文章でさ、これが間違ってるというのは、なかなか分からないよなあ。分からないぐらい難しい文章を書けるだけの知力が、あちらには、あったからさ（『日米安保クライシス――丸山眞男vs.岸信介――』〔幸福の科学出版刊〕参照）。

綾織　筑紫さんの亡くなってからの変化は、今の日本のマスコミが改革し、変わっていく上で、非常に参考になると思います。

筑紫哲也　俺は早い。俺は早いよ。あの世へ還ってからが早かった。

ベテランのマスコミ人には「早期の退職・転職」を勧《すす》めたい

綾織　もし、今、マスコミの方々にアドバイスできるとしたら、何ですか。

筑紫哲也　あっ！　もう、早く考え方を変えなきゃ駄目だ。

悪いけど、おたく様の、その「七十五歳定年制《さい》」とか〝生涯現役《しょうがいげんえき》〟とかも、まあ、結構ではあるが、マスコミに関しては駄目だ。マスコミに関しては、転職を勧《すす》めないとな。そこまでやられたら体制が変わらないので、申し訳ないが、マスコミに関しては、早めに転職をしていただかないと、「下」が変われないわ。これはしょうがないよね。これについては駄目だね。マスコミ人に関しては、ちょっと転職を勧めたいねえ。若返りすれば、多少、考え方を変えられる。

だから、今、JAL《ジャル》の再建をしたように、別な人がマスコミの再建をしなきゃいけないんだけど、うまいこと経営危機を起こせないから、そういうかたちにならないんだよね。

国民を騙《だま》して儲《もう》けてきてるからさ。国民が騙されてる以上、路線を変えたら儲からないからね。だから、ここが難しいんだよ。

政府のほうがお金をくれるなら、政府にとって追い風になることを言うけど、マスコミは、「それでは食っていけない」と、みんな信じてるのよ。

綾織　はい。

「天声人語《てんせいじんご》」の執筆者《しっぴつしゃ》・笠信太郎《りゅうしんたろう》は地獄《じごく》で幸福の科学を勉強中？

綾織　これについては、「早期に転職するなり定年にするなりしてもらう」ということもあるとは思うのですが、現役を続けている人、頑張っている人が、自分たちで何かを学んで変化を起こしていくためには、どのようにすればよいのでしょうか。

筑紫哲也　この前、朝日の主筆を追い出したんだろう？（『朝日新聞はまだ反日か――若宮《わかみや》主筆の本心に迫《せま》る――』〔幸福の科学出版刊〕参照）

綾織　はい、はい。

筑紫哲也　もう、その噂《うわさ》は来てますよ。

綾織　はい。

筑紫哲也　「けっこうやってるなあ」っていうの？　うーん……、俺のころの主筆は誰《だれ》だ？　「天声人語《てんせいじんご》」を書いてた笠信太郎《りゅうしんたろう》か？　そういう有名な人もいたけど、あれも地獄《じごく》行きよ。

綾織　はい。

筑紫哲也　ああいう、俺たちを面接したようなやつが、現に地獄へ行ってるんだよ。

それはねえ、反省したって、あんなもん、反省しようがないわな。あまりにも書きすぎた。

綾織　「天声人語」をずっと書かれていた人ですね？

筑紫哲也　うん。そうそうそう。いやあ、けっこう堕《お》ちてるわ。

綾織　なるほど。

筑紫哲也　今は、ちょっと、おたくの勉強をなんかしてるようだけどもね。だからねえ、言論をリードしてきた責任は、かなり重いんだ。

綾織　そのあたりは、非常に重要な情報です。

筑紫哲也　重要情報です。

左翼《さよく》系の言論人はほとんど地獄《じごく》に堕《お》ちている

綾織　いわゆる左翼《さよく》系の言論人で「地獄《じごく》に堕《お》ちているであろう」という人は……。

筑紫哲也　あ、ほとんど堕ちてるよ。ほとんど堕ちてる。

綾織　ほとんどですか。

筑紫哲也　うん、ほとんど堕ちてるよ。（天国に）上がってる人を探すほうが難しい。

綾織　はい。では、筑紫さんの場合は珍《めずら》しいケース……（笑）。

筑紫哲也　珍しい。だから、それは、「いかに私がいいかげんな人間だったか」っていうことの証明にしかすぎない。何て言うか、いいかげんだったがゆえに、（あの世での導きの）説得に対して、理解するのが早かったわけだね。

「影響力《えいきょうりょく》」を考えると本多勝一《ほんだかついち》が天国に還《かえ》るのは難しい

綾織　先般《せんぱん》、本多勝一《ほんだかついち》さんの守護霊をお呼びして、〝南京大虐殺《ナンキンだいぎゃくさつ》〟など、歴史の問題についてお伺いしたのですが、最後に、回心《かいしん》らしきものが少し見られました。また、「〝南京大虐殺〟といったものはありません」と、正直な告白も頂いたのですが、本多勝一さんの場合は、亡くなったらどうなりますか。

筑紫哲也　いやあ……。もう、あそこまでいくと（天国に還《かえ》るのは）難しいでしょう。

綾織　難しいですか。

筑紫哲也　ああ……、それは難しいと思いますね。そんなに簡単ではないと思います。

綾織　はあ。

筑紫哲也　おそらく難しいと思いますね。やっぱり、影響力《えいきょうりょく》がありますので、そんな簡単にはいかないでしょうね。仲間であった部分もあるので言いにくいですけども、うーん……、これは逃《に》げられないんじゃないでしょうか。

綾織　こういう人たちが、今から、何らかの行動をして、救われる可能性はないのでしょうか。

筑紫哲也　仏門《ぶつもん》に入《い》るぐらいしか、方法はないんじゃないですかねえ。

綾織　仏門ですか。

筑紫哲也　まあ、入《はい》ったって、もはや無理かもしれない。既成《きせい》の仏門に入ったところで、そりゃあ、反省はできないでしょう。自分らが書いてたのは最近のことだしね。

彼らの「常識」で見れば、「この世の不幸な人たちを救うためにやった」という確信犯だからね。確信的に言ってるからねえ。

マスコミは面子《メンツ》にこだわらず「社の方針」を変えよ

加藤　そういった意味では、やはり、筑紫さんは、存命中《ぞんめい》の「現代のマスコミ人へのメッセージを発したい」という思いもあって、今日、出てこられたわけですね？

筑紫哲也　そう。それが言いたいのよ。「あなたがたは、もう、時代の見方を変えなきゃ駄目だ」っていうことをね。

加藤　「変えなくちゃ駄目だ。もう、いいかげんに気づけ」と？

筑紫哲也　今まで、「正義だ」と思ってたことが、正義じゃなくなってきてることは、データベースで見たら、本当は、もうとっくに分かってることなんだけど、納得《なっとく》してないんだよ。知的に、心情的に納得ができないし、「社の方針を変える」って、ものすごく格好悪いことなんだよ。分かる？

マスコミが、コロッと「社の方針を変える」というのは、まあ、産経の〝軍門に降《くだ》る〟ようなもんだよ。それは、たとえて言えば、幕府が長州《ちょうしゅう》の〝股《また》くぐり〟をするようなもんだよ。はっきり言えばね。ちょっと失礼かもしらんけども。

「錦《にしき》の御旗《みはた》」に挑《いど》めば「朝敵《ちょうてき》」になる

加藤　しかし、そういった小さなプライドにこだわることなく、「過《あやま》ちては改《あらた》むるに憚《はばか》ることなかれ」ということをおっしゃりたいわけですよね？

筑紫哲也　だからさあ、今、マスコミ人に知ってほしいのはさあ、「大川隆法さんが出た」っていうことは、「『錦《にしき》の御旗《みはた》』が揚《あ》がった」ということなんだ。それを知らなきゃいかん。そういうことなんだ。もう、これが揚がったら勝てない。これに気づかなきゃいけない。

いよいよ「朝敵《ちょうてき》」になるんだよ。今までは、自分たちのほうが正義だと思ってた。「〝幕府〟のほうが正義だ」と、当然、思ってるよね。ところが、「錦の御旗」が揚がったんだよ。そしたら、それに気づかなきゃ駄目だ。だから、「錦旗《きんき》に向かっては戦いを挑《いど》めない」っていうことを分からなきゃいけないんだよ。
おそらく、中曽根《なかそね》さんに訊《き》いても、同じことを違うかたちで言ってくると思う。俺ばっかりやっちゃいけないから、適当に切り上げるよ。そらあ悪いからね。今日は割り込《こ》んで悪かったなあ。申し訳ない。

古舘《ふるたち》は反省しないと地獄《じごく》行きだが、田原《たはら》は意外と分かってる

綾織　いえ、今日は、たいへん意義深い、非常にありがたいお話を頂きましたので……。

筑紫哲也　うんうん。だから、「古舘《ふるたち》も、早く反省しないと、地獄《じごく》行きだぞ」と、

もう、はっきり言っておくよ。

田原《たはら》はね、意外に分かってるんだよ、あれ。口は悪い、顔も悪い。口も顔も悪い。言い方も悪い。

加藤　でも、分かっていらっしゃいました。

筑紫哲也　分かってる。実は分かってる。彼は分かってる。なぜ彼が分かってるのかというと、人物眼があるからだよ。彼は最初から分かってる。

マスコミの「権力チェック」を跳《は》ね返せない政治家たちの弱さ

筑紫哲也　だけど、一般的には、「『権力のチェックをかける』のがマスコミの使命だ」っていうことについては変わってないのでね。マスコミ全体については変わってないので、権力に対し、「問題点があれば斬《き》り続ける」ということをやってきた。

しかし、それを跳《は》ね返すぐらいの強さを政治家に要求したら、自民党も〝溶《と》けて〟きたし、民主党なんか、もう相手にもならないような人ばっかりだわな。

橋下《はしもと》も、口だけはすごかったから、ちょっとは頑張るかと思ったら、何だか、「このくらいで、もう撃沈《げきちん》されるのか」っていうことになってきてるね。国政にまだ参加してない段階で撃沈されかかっているよな。

マスコミは、「何が正義か」を考えないといけない

筑紫哲也　だから、君たちは、潰《つぶ》しちゃいけないし、育てなきゃいけない。だけど、マスコミのほうは、君たちを宣伝したり、応援《おうえん》したりすること自体が、倫理《りんり》に反すると思ってるんだろう？　でも、やる気があればできるよ。心一つだもん。やる気があれば新聞だろうと、テレビだろうと、いくらでも出せるよ。そんなの、やる気があればね。

だって、「諸派だ」と言われる、あるいは、「政党要件を満たしてない」と言われ

るような小さい党はいくらでもあるよ。

加藤　そんなのは、基準にならないですからね。

筑紫哲也　（幸福実現党は）全国規模で団体を持って、一定の政策が固まってるじゃないですか。自民党を超《こ》えるぐらいの政策を固めてあるじゃないですか。みんなの党や維新《いしん》の会なんて、政策と言えるほどのものは、ありやしないですよ。社民党なんて、こんなの、お笑いですよ。このくらいのを政党として扱《あつか》ってるから、もう、形式主義だね。これは、まさしくお役所主義じゃない？　でも、君たちは、内容も固めてあるし、全国規模でやろうとしてる。

それに、宗教政党は、ヨーロッパにだってちゃんとありますよ。ドイツはすごいじゃないですか。今の首相は、宗教政党でしょ？

黒川　はい。

筑紫哲也　だから、これは、全然おかしいことではないんだし、彼ら（マスコミ）が非常識なだけなんだ。つまり、勇断《ゆうだん》する人がいないんでしょ？　マスコミには、あまりにも、〝ちっちゃなボス〟がたくさんいるんだよ。

この〝働き蟻《あり》〟は、もう、ろくに動かない。君らの教えの「六人ワンセットで、一人ぐらいボスがいる」みたいに、ちっちゃいのがたくさんいて、全体が号令で動かないし、全体に号令をかけられるほどの人がいないんだよ。今までの路線で行ってて、「新幹線がブレーキをかけても止まらない」というのと同じなんだね。

だけど、「そんなに待てないよ」っていうことを、私は今、言ってるわけ。「そんなにゆっくりと説得され尽《つ》くして、やっと変えるようでは駄目です」っていうことを、今、申し上げたいんだよ。つまり、「何が正義か」っていうのを、その時代時代で考えないといけないわけだ。これは、こちらに還ったら、ものすごくよく見えるようになってきた。ほんとに見えるようになってきたよ。

毎日系には宗教を理解できる人がいる

綾織　その意味では、中国と同じように、若手のなかから、誰か立ち上がる人がどうしても必要になってくると思うのですが、そういう芽はあるのでしょうか。

筑紫哲也　「マスコミ人のなかでの反乱」って言っても、マスコミも、ほんとに〝お役所〟か大会社になって、ほとんどのところが寡占《かせん》状態というか、数社で独占してる状態なんでね。これに勝てるかどうかだけど、個人の言論なんか、全部弾《はじ》いて載《の》せなきゃいいんでしょ？

今回、君たちも、よく知ったでしょう、「無視する権力がある」っていうのを。黙殺《もくさつ》すれば、事実がないのと一緒なんだよな。列車事故があっても、どこも報道しなかったら、ないのと一緒でしょ？　これって、今の中国的体質だよね。それと同じことが、日本で続いているわけ。「宗教に絡《から》んだことは、一切《いっさい》報道しない」っていうことにすれば、ないのと一緒なんだよ。やっぱり、「これは間違いだ」って言わなきゃいけない。

あのねえ、いちおう、TBSも毎日系ではあって、毎日新聞は、「宗教の毎日新聞」と言って、唯一《ゆいいつ》、宗教報道ができる新聞社なんだ。まあ、「左」に寄って、政治的には朝日系に近い論説をとってはいるけども、いちおう「宗教に強い毎日」というのが売りではあるわけで、その意味で、毎日系には、宗教を理解できる人がいることはいる。そういうことは知っておいてほしいと思う。そのへんにラインとして少しだけ余地が残ってるところはあるんでね。

「戦後一貫《いっかん》してインフレファイターの日銀」に似ているマスコミ

加藤　筑紫さん、私は、大手紙の若い記者ともよく会って話をします。

筑紫哲也　あ、そうか。

加藤　某《ぼう》国営放送（笑）の若い方とも会うんですけれども、話を聴《き》いていると、若い記者さんたちは、本当によく勉強をしているし、手前味噌《みそ》かもしれませんが、幸福実現党の政策もよく分かっていて、「いちばんいい」とおっしゃっていただけることも多いです。

筑紫哲也　うん。

加藤　それで、マスコミ界全体が、本当に雪崩《なだれ》を打って変わるようなときが来るのか来ないのか。来るとしたら、何がきっかけになるのか。そのへんのヒントを教えてください。

筑紫哲也　マスコミはねえ、意外と日銀に似てるよ。

加藤　え？

筑紫哲也　日銀に似てる。

加藤　日銀……。

筑紫哲也　つまり、戦後、日銀は、ずっとインフレファイターだけで来て、デフレっていうのは想定外だったんでしょ？　二つしかないんだけどね。インフレかデフレか、この二つしかない。実に単純だよね。「右か左か」と一緒だけど、インフレかデフレかしかない。要するに、戦後一貫《いっかん》して、インフレファイターの前例しかなかったわけよ。だから、「デフレファイターとしての日銀」っていうのはなかった。

前例がゼロだった。

マスコミも一緒なんだよ。「『反軍国主義』で『平和からの繁栄《はんえい》』を押していく」っていうのが、戦後一貫したマスコミの流れであった。これを、何をもって切り替《か》えるかですが、まさしく、実際に占領までされてしまわなければ分からない。

だから、北朝鮮《きたちょうせん》があれだけ騒《さわ》いでて、「ミサイル発射実験だ」とか、いろいろ言われてても、ちょっとアメリカが圧力をかけたり、中国がなんか意見を言ったりして、すぐ引っ込むように見せると、すぐに、また元へ戻る。もう、「喉元《のどもと》過ぎれば……」で、すぐ忘れるけど、（北朝鮮は）全然開発をやめてないんですよ。彼らは制裁解除をしてほしいだけで、変えてませんからね。

そのへんについては、ちょっと全体的に見えてないところがある。「悪を悪として認識し切れてない」というか、「社会的に地位のある人や財産のある人、学歴のある人は犯罪を犯《おか》さない」と信じ込んでるような警察とほとんど一緒と見てもいいかなあ。「けっこう、人間には、いろいろあるんだ」っていうことだな。

一族独占《どくせん》型経営のマスコミには「株」が理解できない

加藤　「インフレファイターの日銀」というよいたとえを教えていただいたのですが、「日銀には、インフレファイターとしての使命しかない」という考えに対して、「いや、違う。デフレ対策の使命もあるんだ」と納得してもらうまでに、二十年近い時間がかかりました。その間、国民は塗炭《とたん》の苦しみを味わったのですが、マスコミは本当に変わることができるでしょうか。

筑紫哲也　今でも、株が上がったら、「何か面白《おもしろ》くない」と思ってるマスコミが多いし、下がったら、「ざまを見ろ」とすぐ言うでしょ？　これ、国民の財産が減ってるんだけど、「国民の財産が減っている」と理解しないで、「大会社が損をしている。ざまを見ろ」と言うようなところがあるんだよねえ。

さらに、マスコミの大部分は、株式を買われないように、みんな、防衛をものすごくやってるからね。「それを取られたら、言論を支配される」と思って、一族独《ど》占《せん》型の経営体制で、すごく古い反民主主義的な経営をやってるから、マスコミは、株の上がり下がりで会社の値段が変わっていくことが理解できないのよ。

生前のバブル叩《たた》きは「頭のいい人たち」を信じていただけ

綾織　生前のお仕事としては、かなりバブル叩《たた》きをやっていらっしゃったので（笑）（会場笑）。

筑紫哲也　いや、それはねえ、違うの。それは左翼じゃないんだよ。

綾織　そうなんですか。

筑紫哲也　頭が悪かっただけなんだよ。

綾織　そうですか（笑）。

筑紫哲也　君ねえ、それは左翼じゃない。単に頭が悪かっただけなんだよ。

綾織　ほお。なるほど。

筑紫哲也　自分より頭がいい人たちが言ってることを信じてただけなんだよ。だからねえ、この幸福の科学は、すごいと思うんだよ。大川さんが財務省や日銀を斬《き》って斬って斬って捨ててるけど（『財務省のスピリチュアル診断《しんだん》』『日銀総裁とのスピリチュアル対話』〔共に幸福実現党刊〕等参照）、「『財務省や日銀が言ってることに間違いがある』なんてことを、マスコミ人は、不遜《ふそん》にも思ってはならない。彼らはエキスパートで頭のいい人だ」と、みんな思ってた。だから、九〇年以降、全然見えなくなってきたんだよ。

財務省もずっと同じことを言い続けているよね。「(インフレで紙幣《しへい》が)紙くずになるぞ」みたいなことばかり言ってるでしょ?

インフレがあって、すごくなったのは、戦後まもなくのころですよ。あのころは、ちょっとあったかもしれないし、昔、ドイツなんかにもあったかもしれないけども、今の国の規模や資産、あるいは、対外資産等を入れて考えれば、全然、話が違ってくるじゃないですか。それを、何か、昔々に聞いた授業のような内容で判断してるように思うねえ。


「人権擁護《ようご》」をしていたのが「左翼《さよく》」に見えた

筑紫哲也　俺って、そんな左翼《さよく》に見えるかなあ。そうかあ。いや、そんなに強く書いてない……。

綾織　かなり辛口《からくち》のほうの左翼の仕事をされていましたよ。

筑紫哲也　そんなに強くは書いてないよ。

綾織　いやいや、そういうふりをされていたのかもしれませんけれども。

筑紫哲也　ただ、人権擁護《ようご》をしてたんだよ。

綾織　はい。それはありますね。

筑紫哲也　まあ、人権擁護をしてたのが、そう見えているんだよ。人権擁護をすると、どうしても、そういう組織とか、大企業《だいきぎょう》や国家とかが悪いみたいな言い方をしたくなるんでね。ある意味で、これは、イージーな方法なんだよ。イージーに国とかを責めといたら、だいたい問題ないし、役所のせいにしとけば、だいたい切り抜けられるんでね。マスコミのせいなんかにしたら、大変なことになるから、だいたい、そういうふうにする。そんな甘《あま》えがずっとあったわね。

曽野綾子《そのあやこ》さんも言ってるじゃない。「悪口を言うんだったら、東大法学部の卒業生の悪口を言うのがいちばんいい」って、ずっと言ってる。「東大法学部の人の悪口を言って、反論されたことは一度もない」って言ってるの。周りも、「言ったたって当然だ」と思っとるし、言われた本人は、もううぬぼれかえってるから、全然、反省しない。もう、蛙《かえる》の面《つら》に何とかみたいな感じで、全然、感じてない。それで、「たまに例外はいますけど……」みたいな感じで言っとけば、「その例外は自分だ」と思い込むのが、東大法学部の卒業生だからね。

（加藤に）君、怒った？　怒らないでくれ。

「『たまには例外で、いい人がいる』とか言っとけば、みんな『自分のことだ』と思って、誰も反論してこない」って、曽野綾子さんが言うてるけどさ。

まあ、東大法学部っていう名前を出したのは、まずかったけども、それは、役所なり、国家なりの代名詞として、今、使ったわけだ。それの反対や批判さえしとけば、やっぱり、動くもんね。ちょっとは何かをしようとするし、それを防ごうとしてはくれるので、そういう甘えが国民全体にあったとは思うんだよな。

だけど、今、ニュービジネスの時代に入ったら、だいぶ変わってきてるわな。時代がだいぶ変わってきてるし、マスコミでは、もう先端《せんたん》的な金融《きんゆう》の仕組みなんか分からないね。ちょっと分からないわ。どうしても、ついていけないんだよ。技術的なものも分からないけども、金融的なものも、もう分からないねえ。

バブル潰《つぶ》しは「贖罪《しょくざい》史観」とつながっている

綾織　そういう金融の部分で、いわゆるバブル潰《つぶ》しをやらないような方向に持っていかないといけません。昔は、株価が四万円台近くまであったのに、今は、たかだか一万三千円台とか、一万四千円台とか、ものすごく低い状態です。この時点で、「バブルだ」と言って潰しに入るのは、少し精神異常的なのかなと思うのですが、これを乗り越《こ》えるには、どうすればいいですか。

筑紫哲也　これは、贖罪《しょくざい》……、何て言うの？　自虐史観？

綾織　はい。

筑紫哲也　たぶん、贖罪史観とつながってる。

綾織　ああ、はいはい。

筑紫哲也　たぶん、つながってるんじゃないかなあ。「自分たちは幸福になっちゃいかん」みたいなね。

肝心《かんじん》の中国のほうは、「株で大儲けする」なんていうのが、もう流行《はや》って流行って、にわか長者《ちょうじゃ》がたくさん出てますからねえ。そして、正しい中国情報は、日本にほとんど入ってきてないからね。

いやあ、これは、日本を変えなきゃいけない。誰かが、変えなきゃいけないし、変える人がいないんで、俺が今……。

ただ、霊言なんてもんは、マスコミに絶対載せられないよなあ。でも、誰かが言わなきゃいけないから、俺が今、言いに来てるんだけどね。

6 次々と投げ捨てる「生前の哲学《てつがく》」

「地震《じしん》学者の非科学的予測」で原発に反対するのは甘《あま》い

加藤　筑紫さん、ちょっと具体的な話になるのですが。

筑紫哲也　うん。

加藤　原子力発電所については、どうお考えになりますか。

筑紫哲也　うーん。まあ、事故の直後は、みんな、大変だったから、分からないでもないけど、基本的にエネルギー自給率が四パーセントっていうのは大きい問題だよ。これについては何も言えない。

だから、少なくとも、「原発が危険だ」って言うんなら、科学者に、「もうちょっと地震《じしん》予知学で当ててみせろよ」と言って、一年ぐらい、地震を予知できるかどうか、やらせてみて、的中率が何パーセントか、占《うらな》いより上かどうか、一回、調べてみたほうがいいんじゃないか。全然当たらない人の意見に基《もと》づいてやってるんだったら、「非科学的だ」と見たほうがいいんじゃないかねえ。

イタリアでは、地震学者が間違《まちが》えたら、刑務所《けいむしょ》に放り込《こ》まれるんだろ？　日本では、まだ、そんなことはないから、適当なことをいくらでも言うてるけども、彼らも周りに埋《う》もれてやってるところはあると思うんで、ほんとに地震予知ができるんなら、それをちゃんと証明してもらう必要があると思う。それは、科学としての責任じゃないですか。それができないんだったら、科学者じゃない。占い師と変わらないから、まずいんじゃないですかねえ。

綾織　明確に、「原発を推進していくべき」という立場でいらっしゃいますね。

筑紫哲也　まあ、代替《だいたい》エネルギーの問題もあるから、一概《いちがい》には言えんけど、「安価で公害を出さないような代替エネルギーがいくらでも手に入って、今後の日本の繁《はん》栄《えい》に使える」っていうなら、話は別だ。

けども、代替エネルギーなしで、ただただ、地震学者の非科学的予測でやめるのは、今の諸般《しょはん》の情勢から見たら、私は、「ちょっと甘《あま》い」と判断する。

綾織　これについても、かなりの転向をされて……（会場笑）。

筑紫哲也　そらあ、あの世では体がないからさ。放射能の影響《えいきょう》を全然受けないから、どうでもいい（笑）。われわれは、放射能が全然怖《こわ》くないから、言えるのかもしれないけど、日本人全体には、原爆《げんばく》アレルギーがあるから、「反対すること自体がいいことだ」っていう刷り込みがある。そういうふうに、ずっと教育を受けてるからね。

反米軍一辺倒《いっぺんとう》で世の中を迷わす「沖縄《おきなわ》のマスコミ」は地獄《じごく》行き

加藤　また、筑紫さんは、お若いころ、返還《へんかん》前の沖縄《おきなわ》に特派員でおられましたね。

筑紫哲也　「飛ばされた」って言うなよ。

加藤　元特派員ということで、反米軍基地の運動には生涯《しょうがい》かなり思い入れが強かったようですが、沖縄の米軍は、やはり、抑止力《よくしりょく》になっているわけです。鳩山《はとやま》元総理も、辞任直前に「抑止力の意味がやっと分かった」と言っておりましたが、そのあたりについては、いかがでしょうか。

筑紫哲也　まあ、あれは……（笑）。鳩山さんには、ちょっとがっかりしたね。あそこまでひどい人っていうのは、めったに出ないんじゃないでしょうかねえ。あれでよく政界にいたよ。あの人は、二十年以上はいたでしょう？　よく気がつかれずに、あそこまで大きくなったねえ。まあ、もともと弟さんのほうが政治家としては本筋で、兄貴のほうは理系の学者であるので、本来、向いてないと思ってたけど、奥《おく》さんをもらったあたりの影響が大きいんじゃないか。

加藤　鳩山さんについてはよろしいのですが、筑紫さんも、「在日米軍、特に沖縄駐留《ちゅうりゅう》米軍は必要である」と考えていたのですか。

筑紫哲也　うーん。今の気持ちを率直《そっちょく》に言うんだったら、自衛隊で代替できるんなら、自衛隊でもいいと思う。「米軍でなければいけない」という理由は、特にない。自衛隊でいけるなら、自衛隊でもいいけど、この国の判断、結論の出し方の遅《おそ》さからいくと、そんな簡単ではないかなと思うね。これを、どうにかしなきゃいけない。とにかく、マスコミだね。基本的にマスコミ改革をやらなきゃいけないから、苦しいし、みっともないけど、マスコミ人の霊言《れいげん》をたくさん出さないと、やっぱり駄《だ》目《め》だよ。もう、地獄《じごく》からたくさん引っ張り出したほうがいいんじゃないかなあ。

黒川　特に、沖縄のマスコミは、左傾化《さけいか》が激しいのですが。

筑紫哲也　みんな、地獄行きだよ、給料をもらって勤めてる方は。かわいそうに。やっぱり、基本的には、人を迷わしたり、世の中を迷わしたりしたら駄目だよ。それが「社会の木鐸《ぼくたく》」ではないからさ。

幸福の科学への判断が割れているマスコミ内部

綾織　マスコミ改革に関して言うと、「軍事の部分で論調を変える」という点がありますし、あとは、先ほども出ましたが、やはり、宗教についてです。戦後は、「宗教を扱《あつか》わない」ということでしたけれども、「今後、宗教を、特に幸福の科学をどう位置づけるか」ということについて、マスコミのなかでも迷いがあると思うんです。

筑紫哲也　そうなんだよ。

綾織　幸福の科学は、今までにない宗教でありますので。

筑紫哲也　うーん。だからねえ、「心のなかの世界で、何を信じるか」について、われわれは論評する立場にない。それについては、憲法で守られてるし、言ってもしかたないけど、具体的に「かたち」で現れてくるときは、政治的、社会的な運動として出てくるから、何らかの評価を下《くだ》さなきゃいけないんだ。まあ、（幸福実現党は）四年ぐらいたったんだろ？

「ある程度、観察期間を取ってる」ということが事実なんだとは思うね。まだ、合意まで至ってないんだろ？　叩《たた》きたいけど、君たちの言うことが当たってくるから、判断ができないでいるんだろ？　だから、「マスコミ内部でも判断的には割れている」ということだと思う。たぶん、割れてる。

綾織　ああ。

筑紫哲也　やっぱり、われわれ自身も、戦後の洗脳は、だいぶ受けているなあ。

「新宗教は良く扱《あつか》わない」という内規がある

黒川　やはり、マスコミは宗教の善悪が分からないということですね。

筑紫哲也　いやあ、それは難しいわ。数が多すぎるし、それぞれの宗教で、みんな、「自分たちのところが正しい」って言ってる状態なんでね。宗教に関しては、言ってみりゃ、「天皇陛下が何万人もいる」ような状態だね。

だから、教義についての論争を始めたら、もう終わらない状態なので、新聞が扱《あつか》う場合は、たいてい、何百年もたった伝統的なやつだ。その動向をたまに扱うことはあるけど、「新宗教に関しては、基本的に良く扱わない」っていう内規があるんではないかな。要するに、「年数がたってないものについては、善悪の判断ができない」ということだね。

まあ、ワンパターンだけど、あなたがたが選挙に立候補すると、創価学会《そうかがっかい》も、オウムも、あまりいい評判じゃなかったから、あんたがたも選挙に手を出した以上、「同じような欲があって、やろうとしてるのかな」っていうのを見られてる。それを何年か見たいぐらいの気持ちはあるわなあ。

もう少し幸福の科学が強かったら、攻撃《こうげき》も早く始まってはいるんだろうけど、攻撃しようもないぐらい、君たちが〝透明人間《とうめい》〟に近いんで、ちょっと困ってるのよ。
だけど、意見としては、いろんなところに、じわじわと通ってきている。

7　幸福実現党への意外な激励《げきれい》

「幸福実現党を取り巻く空気」を変える鍵《かぎ》はマスコミ

綾織　直近の参院選も想定しながら、もし、何かアドバイスを頂けるようであればお願いいたします。

筑紫哲也　今のままだと負けるよ。「負ける」というか、今のままだと、負けるんじゃなくて、今のままだと〝今のまま〟だよ。

やっぱり、マスコミは、まだ、「幸福実現党をフェアに報道したい」という衝動《しょうどう》を全然感じてないわけよ。

だけど、簡単なんだ。例えば、NHKでは、毎日、「クローズアップ現代」とかいう三十分ぐらいの特集番組を、クニヒロさん（国谷裕子《くにやひろこ》）だっけ？　なんとかいう、お姉さんが二十年もやってるじゃないの。ああいう番組で、「幸福実現党の四年間の軌跡《きせき》を振《ふ》り返る」みたいなのをバッと流したら、それ一本だけで、あっという間に認知度が変わるんですよ。

民放の番組なら、「カンブリア宮殿《きゅうでん》」でも何でもいいけど、代表者がちょっと出て何か説明したり、「学校もやってます。政治運動もやってます。世界でも、こんなふうにやってます」って特集でも組むようになったら、たちまち、ガラーッと空気は変わるんです。

だから、やっぱり、マスコミは攻《せ》めなきゃいけない相手なんだけど、〝お堀《ほり》〟で守られ、〝城壁《じょうへき》〟で守られ、さらには〝石垣《いしがき》〟で守られてるから、落ちないし、基本的には、方向を変えないよな。

攻め落とそうとしても、〝お堀〟が二重にあって、〝城壁〟には反《そ》り返った〝石垣〟があって、また、ほかの者が〝天守閣〟を守ってるような状況《じょうきょう》だ。それで、その〝天守閣〟を守ってるのが、週刊誌なんかだと思うけどね。

加藤　ただ、マスコミのなかでも、特に現場の人には、「そろそろ幸福実現党を報道しなければいけないし、報道したくてたまらない」というエネルギーといいますか、思いを感じます。

早めの新陳代謝《しんちんたいしゃ》が必要とされるマスコミの人事

加藤　今日は、本当に、予想外の激励《げきれい》といいますか、応援《おうえん》のような言葉も頂きましたが、これも、マスコミが変わっていく、一つのきっかけになりますね。

筑紫哲也　うん。部長クラスぐらいまでは、あなたがたに、そうとう〝洗脳〟されかかってるけど、この部長クラスの上あたりが、まだ頑張《がんば》ってるんだよ。

加藤　経営陣《じん》ですね。

筑紫哲也　要するに、報道すること自体はいいんだけど、今までの社史が全部崩《くず》れていくことへの恐怖《きょうふ》というか、それが嫌《いや》なので、「自分らがいなくなってからにしてほしい」という気持ちがあるんだよ。

そういう意味で、「マスコミだけは終身雇用《こよう》をやめたほうがいい」と、ずっと言ってるんだけど、これを早めに新陳代謝《しんちんたいしゃ》しないと、もう変えられない。やっぱり、「『自分たちがやった仕事が間違《まちが》いだった』と現役《げんえき》時代に認める」ということは、きついことなんでね。

日本のマスコミの崩壊《ほうかい》は近い?

筑紫哲也　マスコミは、できるだけいろんな意見を出して、フェアにやってるように見せてるけど、あなたがたが活発に活動すればするほど、国民のほうもいろいろと知ってきて、フェアでないのがばれてきてるのよ。

例えば、あなたがたに、岩国《いわくに》とか沖縄《おきなわ》とかで「オスプレイ推進賛成！」とデモをやられたり、経産省の前で「原発推進賛成！」とデモをやられたりしたら、伏《ふ》せてはいるけど、そんなのが、いろんなところにばれてきてるからね。

やっぱり、「マスコミが一生懸命《いっしょうけんめい》に隠《かく》してるらしい。中国や韓国《かんこく》と同じ体制になってるらしい」ということは、だいぶ見えてきてるので、日本のマスコミの崩壊《ほうかい》も近いかもしれない。だけど、崩壊するなら早いほどいいね。

加藤　今回の参院選で、幸福実現党は、全国比例区も含《ふく》め、各四十七都道府県すべての選挙区から候補者を擁立《ようりつ》いたしますので、別に、幸福実現党を優遇《ゆうぐう》しろとは申しませんが、フェアに取り上げていただくだけで、流れはかなり変わってくると確信しております。

そういった意味で、今日は、予想外の激励のお言葉を頂きました。何か、変わっていく一つのステップとなる感じがします。

筑紫哲也　俺《おれ》は、言わなきゃいけないと思うんだ。

古舘《ふるたち》さんと田原《たはら》さんの守護霊霊言《しゅごれいれいげん》をちゃんと見ましたけど（前掲《ぜんけい》『バーチャル本音対決』『田原総一朗《そういちろう》守護霊vs.幸福実現党ホープ』参照）、あれでは、まだ十分じゃないね。既成《きせい》権力が、新しく攻撃《こうげき》してくるやつを打ち返して、まだ力があるところを見せようとしてるように見える。

あれは、この世に肉体がある分だけ、駄目《だめ》だね。ある意味で、マスコミの保守だ。マスコミの現状維持《いじ》に入ってるわね。

8　マスコミ霊界《れいかい》事情

朝日新聞の歴代社長と天国で会うことはない

綾織　すみません。マスコミへの警告のために、少しお伺《うかが》いしたいのですが、例えば、朝日新聞の歴代社長は、死後、どういう行き先になっているのでしょうか。

筑紫哲也　ハハハハハ。まあ、天国で会うことはないな。

綾織　そうですか。基本的に「ない」と考えてよろしいのでしょうか。

筑紫哲也　基本的に、会うことはない。

綾織　ああ！　そうですか。これは、厳しい警告ですね。

筑紫哲也　ほんっとに会わないですね。

綾織　そうですか。

筑紫哲也　本当に会わない！（笑）　本当に会わない。

「地獄《じごく》」が「天国」を批判する、社会正義の逆転した現代

綾織　まれに会う方というのは、どういう方なのですか。

筑紫哲也　まあ、若死《わかじ》にして悪いことをしてないような人は、天国に入ってること

もあるとは思うけど、長くやった人は、だいたい駄目《だめ》みたいだねえ。
だから、これは、悪い宗教に入ったのと同じ状況《じょうきょう》だと思う。悪い宗教に長くいた人も、たぶん、天国に上がれないでいると思うけど、それと同じ状態だと思いますね。

綾織　はい。

筑紫哲也　マスコミは企業家《きぎょうか》の悪口を言ってるけども、「社長業をまっとうに終えて、ある程度、社会的使命を果たせた」という人であれば、八割以上の企業家は天国に行ってると、まず見ていいね。
まあ、会社を倒産《とうさん》させて、社会的に迷惑《めいわく》をかけ、大勢を路頭に迷わせたような企業家は、地獄《じごく》に堕《お》ちることもあるとは思うし、あるいは、個人的に、裏でいろいろと何かをやってた場合は、ちょっと問題がありますけど、八割ぐらいは、だいたい天国に還《かえ》ってる。

だから、社会正義の立場が逆転して、「地獄」が「天国」を批判してるような状況になってるのが、今の世の中だね。

出版事業には「人類の心を豊かにする役割」もある

綾織　マスコミで言うと、筑紫さんは週刊誌の仕事もされていましたが、他の週刊誌系の編集長や、メジャーな週刊誌を発行している出版社の社長などは、死後、どんな世界にいるのでしょうか。

筑紫哲也　週刊誌も悪いけど、まあ、もちろん、仕事全体で見られるからね。

綾織　はい。

筑紫哲也　やっぱり、出版事業自体が全部間違《まちが》ってるとは言えない。人類の心を豊かにしてる部分もあるので、ないと困ることもあるだろう?
君らは新潮《しんちょう》や文春《ぶんしゅん》とも戦ってるんだろうけども、新潮文庫や文春文庫のなかには、読んだほうがいいものも入ってはいるからね。まあ、全部が全部、駄目だとは言えないよ。

綾織　そうですね。

筑紫哲也　新潮には、俺《おれ》も、ちょっとだけ因縁《いんねん》がないわけではないんだけどね。新潮には嫌《いや》みをだいぶ言われたので、ちょっと引っ掛《か》かりがないわけではないんだけど、彼らも、少し変質したかなあ。変質してるような気がするね。

綾織　はい。

あの世で一生懸命《いっしょうけんめい》に謝《あやま》っている講談社の野間佐和子《のまさわこ》元社長

筑紫哲也　今は、逆に講談社の反省がよく進んでいる。君たちと〝十年戦争〟をして、何だか、ずいぶん反省が進んでるみたいだよ。

綾織　「週刊現代」も、当会と近いことを言ったりしています。

筑紫哲也　そうなんだよ。君たちの考えに近いことを言ってるし、今、野間佐和子《のまさわこ》（講談社の第六代社長）が信心深《しんじんぶか》くなっちゃってね。

綾織　そうですか。

筑紫哲也　えらい信心深くなってるらしいんだよな。

加藤　会ったのですか。

筑紫哲也　うん、そう。

「ごめんなさい、ごめんなさい」ばかり言って、一生懸命《いっしょうけんめい》に謝《あやま》ってる。上（あの世）から、「ごめんなさい、ごめんなさい、ごめんなさい」って謝ってるんだ。〝ごめんなさい、ごめんなさいシリーズ〟で、講談社のほうに念波を送ってると思うよ。

綾織　うーん。

筑紫哲也　あの世に行けば、悪魔《あくま》か天使か、はっきり分かるからね。「自分たちは悪いことをした」というのが分かる。あそこの初代（野間清治《せいじ》）は、悪い人ではなかったんでね。だから、〝ごめんなさいシリーズ〟で、だいぶ変わってきてるでしよ?

今、〝言論の陣地《じんち》〟が変わってこようとしてきてる。本来ならば、文春や新潮のほうが君らの味方をしなければいけないはずであったものが、今、立場が変わってこようとしてるだろう? これは、マスコミの入れ替《か》えが起きようとしてるのかもしれないね。

朝日にも、毎日系にも、変化の兆《きざ》しは少し出てきてるから、しばらくしたら変わってくるかもしれない。

マスコミには「神」が存在しない?

綾織　マスコミ改革のために、少しお伺いしたいのですが、マスコミに悪い影響《えいきょう》を与《あた》えている存在については、私たちも、いろいろと調査をして分かっています。

一方、よい部分で、日本のマスコミを指導している方は、どなたなのでしょうか。

筑紫哲也　マスコミには、神がいないんだよ。

綾織　そうですか。

筑紫哲也　これが不思議なんだけど、本当に神様がいないんですよ。まあ、確かに、「前世《ぜんせ》でマスコミをやってた」という人がいないから、そりゃそうなのかもしれないけど、神がいないんだよ。

神がいなくて、本当に、集合想念みたいに動いているんだ。それこそ軍隊だね。

綾織　それで、「空気の支配」みたいになっているのですね。

筑紫哲也　そう、そう。

堂々と霊言《れいげん》を打ち出す「ザ・リバティ」の常識破壊《はかい》力はすごい？

筑紫哲也　あとは、世間《せけん》のインテリも批判力がかなり強くなってきたから、難しいんだろうけども、やっぱり、規模の力でそうとう抑《おさ》え込《こ》んでいるのかな。

でも、君たちのところの月刊誌（「ザ・リバティ」〔幸福の科学出版刊〕）が、霊言《れいげん》を堂々と出しまくって潰《つぶ》れないというのは、素晴《すば》らしいよな。ああいうのを出すと、普通《ふつう》のところだと潰れちゃうからさ。なんかすごいよね。

綾織　本当に支えていただいていると思います。

筑紫哲也　そうとうの常識破壊《はかい》をやってると思うよ。そう言ったって、毎号読んでたら、やっぱり影響は受けるよ。「よくもまあ、堂々と」っていう感じですよねえ。

綾織　それが最大の価値でありますので。

筑紫哲也　すごいと思うよ。反対する者も賛成する者も読んでるから、かなり影響を受けてきてる。幸福の科学は、どんどん影響力を増してるよ。

実は、「幸福の科学が、どういう判断を出すか」っていうことで、マスコミが本当に動き始めてるんだ。（綾織に）いやあ、「古巣（産経新聞）の黄金時代が来るんだろうなあ」っていうのが見えてきてるんだよな。だから、もうすぐ、「ザ・リバティ」が「ザ・クオリティペーパー」になるんじゃないの？

過去世《かこぜ》は空海《くうかい》と同じ船で中国に渡《わた》った者の一人

加藤　筑紫さんは、生前、幸福の科学の霊言や経典《きょうてん》などは読んでいたのですか。

筑紫哲也　ハハハ。それは読んでるよ。

加藤　やはり読んでいたのですね。

筑紫哲也　うーん。それは読んでるよ。

加藤　それなりに影響は受けていたのでしょうか。

筑紫哲也　公式に、「ファンです」とは言えないけども、読んでたね。いや、大川さんは個人的に好きなんだよな、何か感じが。

綾織　過去世《かこぜ》で仏縁《ぶつえん》がおありなのですか。

筑紫哲也　ああ、それは、もしかしたら、あるかもしれないね。

綾織　恒例《こうれい》になってしまうのですが、転生輪廻《てんしょうりんね》の過程で、そうした仏縁がおありだったのでしょうか。

筑紫哲也　マスコミ人としては、そういうのは、あまり具合のいい質問ではないけども、マスコミって、やっぱり、本を読んで、ものを書くからさ。基本的に、過去世にも、多少インテリ系っていうか、そういうものを読んだり書いたりするのに関係のある人が、一部いることはいる。そのなかで、特に、良識派の人たち、真理を求めていた人たちには、僧侶《そうりょ》的なものに惹《ひ》かれてた人もいたんだよな。

はっきり言えば、俺は、空海《くうかい》さんと一緒《いっしょ》の船で、中国に渡《わた》った人間の一人だったのさ。まあ、大したことはないけどね。

加藤　遣唐使《けんとうし》で、けっこう偉《えら》い方だったのですか。

筑紫哲也　いや、俺は、そんなに偉い人間じゃないからさ。うーん、まあ、お仲間みたいなもんだと思う。

綾織　では、仏教を学ばれてきた人……。

筑紫哲也　いや、仕事としては荷物運び程度さ。経典を運ぶ係程度の役だけどね。だから、俺は、空海さんを近くで見たことがあるんだ。そういう意味で、「仏縁はある」と言えばあるんだけどね。

いやあ、マスコミも、そういう気持ちではあるのよ。本当に、「入唐求法《にっとうぐほう》」で真理を求める気持ちでマスコミに入ってる人もいるんだけどね。まあ、だから、俺は、旅が好きだったんだよ。

「同業者の霊言《れいげん》ならマスコミも信用する」と思って出てきた

筑紫哲也　マスコミ全体では、俺の霊言《れいげん》なんか信じてくれない方のほうが多数だとは思うけども、それでも、影響を受けたり、「もしかしたら本当かな」と思ったりする人も一部はいるだろうから、やっぱり、心の片隅《かたすみ》に置いてほしい。

同業者だったら、「ちょっとは気にする」というのはあると思うんだよ。「宗教家が言ってることは信用しないけど、同業者のなら、ちょっとは信じる」という人がいるからさ。

綾織　かなり影響はあると思います。

筑紫哲也　あるかなあ？

綾織　はい。あると思います。

筑紫哲也　だから、俺は、（霊言を）やりたくて、インスピレーションを送ってたんだけど、総裁の周りにいる宗務本部《しゅうむ》っていうの？　よく知らないけど、秘書の人たちが、「筑紫哲也なんて、みんな忘れてますから」って言うんだよな。

綾織　（笑）（会場笑）

筑紫哲也　これはつらくて……。なんて、薄情《はくじょう》なことを……。

綾織　これほど変わられているとは思わなかったものですから。

筑紫哲也　「みんな忘れてますよ」って言うなんて、ひどいなあ。

9　マスコミ人への「救国のメッセージ」

筑紫哲也、天界《てんかい》からの大警告

綾織　突然《とつぜん》始まった霊言《れいげん》ではありますが、非常に貴重なご意見やアドバイスを頂き、本当にありがとうございます。

筑紫哲也　いや、だいたい言ったら、中曽根《なかそね》さん（守護霊《しゅごれい》）に替《か》わるよ。

綾織　（笑）いえいえ。

筑紫哲也　すまんな、俺《おれ》のほうが先に言っちゃって。

綾織　今日は、本当に素晴《すば》らしいお話を頂きましたので……。

筑紫哲也　いやあ、世間《せけん》は、なかなか信用しないだろうと思うよ。でも、田原《たはら》や古舘《ふるたち》には、まだ肉体があるので、この世で学んだことや経験したことが、やはり捨てられないからね。

俺は、死んで五年はたってるからさ。あの世での経験と反省、見聞などを入れると、君たちの言ってることが全体的に正しいと思えるので、マスコミに対し、「早く舵《かじ》を切り、幸福の科学についていかないと危ないですよ」と警告したい。

「中曽根・元総理　最後のご奉公《ほうこう》」ではなくなってしまい、申し訳ないが、「筑紫哲也　天界《てんかい》からの大警告」だな（笑）。これは「マスコミへの大警告」だよ。「君たち、このままだと地獄《じごく》へ堕《お》ちるよ。目の前にあるのは〝ナイアガラの滝《たき》〟だよ。このままでは日本とアジアの国を滅《ほろ》ぼすよ」と言いたい。

中国はチベットに国を返すべきだ

筑紫哲也　今、大川さんがやろうとしてるとおり、「中国の民主化」を、苦しいけど、やらなきゃいけない。台湾《たいわん》や香港《ホンコン》を立ち上がらせ、中国の民主化運動をして、中国を、もう少し多元的な、「民主主義・自由主義の国家」に変えなきゃならない。そして、中国が占領《せんりょう》してる国の人々に、人間らしい、自立した生き方を認めてやるべきだ。

チベットに国ぐらい返してやれよ！

あんな大国が、なんで、ああいうひどいことをするんだよ、国ごと奪《うば》ってね。坊《ぼう》さんの焼身《しょうしん》自殺が相次いでるんでしょう？　もう五十人も百人も死んでるんでしょう？　ほかに手がないんだからさあ。イスラムの爆弾《ばくだん》テロなんてものじゃなくて、自分が焼け死んでいくんだから、やはり、これを助けてやらなきゃ駄目《だめ》だよ。どうにかしてやらないといけない。

マスコミは「対宗教ファイター」等の古い価値観を追い出せ

加藤　今日は、マスコミの後輩《こうはい》たちへの強烈《きょうれつ》なメッセージを頂きました。また、「予想外」と言ったら失礼かもしれませんが、ありがたいことに幸福実現党への激《げき》励《れい》も頂きました。

筑紫哲也　俺の力は大したものじゃないが、この霊言をマスコミの諸君の十パーセントでも信じてくれりゃあ、いいけどね。五パーセントやら一パーセントやら分からないけど。

とにかく、マスコミの諸君に言っておきたいことは、「上で抑《おさ》えている層の、今までの路線で行こうとする考え方では駄目だ。要するに、『インフレファイターの日銀みたいに、対宗教ファイター、対軍国主義ファイターだけをやっておればよい』というような古い価値観を追い出し、新しい風を入れて時代に対応しないと、もう生き残れないよ」ということだ。
「そうしないと、使命を果たせないよ」と言っておきたいんですよ。

綾織　はい。ありがとうございます。

今、参考になるのは「幸福の科学から出ているもの」

綾織　これは「大警告」であり、また、「大いなる回心《かいしん》」でもあると思います。

筑紫哲也　回心ですよ、回心。でも、私の回心は、わりに早かったよ。

黒川　生前から大川総裁の本を読まれて……。

筑紫哲也　もう一九九〇年代から、「これは、新しい動きじゃないのか。新しい流れは、これじゃないか」と、かなり感じてた。

加藤　惜《お》しむらくは、生前、もう少しはっきり応援《おうえん》していただけるとよかったのですが。

筑紫哲也　いやあ、それは、給料の出所《でどころ》があって……。これだと古舘に似てくるけど（会場笑）、社の基本的な方針が、やはり、あることはあったんでね。ただ、毎日系は、宗教に対して好意的なスタンスを取ったとしても、「根本的に社が引っ繰《く》り返る」というものではない。

朝日なんか、もともと宗教担当のセクションがないんだからね。最近、ちょっと騒《さわ》がしいので、少しは宗教をウオッチしてるけど、毎日は、宗教の勉強をし、ある程度、宗教に対応できる担当者を、ずっと昔から育ててはいる。だから、宗教に関して情報がないわけではない。新聞系では、いちばん情報を持ってるし、週刊誌も情報を持っていて、「サンデー毎日」等でも、宗教の善悪について、ある程度は判断できる。

この霊言を、どこまで信じてもらえるかは分からないけど、少なくとも、「筑紫哲也」と名乗る霊は、回心して、マスコミ人たちに、「君たち、船のエンジンを反転させて上流のほうに行かないと、間違《まちが》った方向に行き、ナイアガラフォールから落ちるぞ」と警告してるわけだね。

「アベノミクス」で日銀などが変わったように、マスコミも、変わらなきゃいけない時期に来てるけど、変わりかけても、すぐ元に戻《もど》って、前と同じような攻撃《こうげき》を繰り返し始めてるから、「危ないぞ」と言いたいし、「憲法九条だけではなく、戦後体制そのものの見直しをしたほうがいいよ」ということを言いたいね。

そして、「今、参考になるものは、実は、幸福の科学から出てるものしかないぞ」ということを言っておきたいし、「これは、本当に、アメリカをもリードする内容を持ってるよ」と言いたい。

「アメリカ人に説教し、中国人に説教し、韓国《かんこく》人にも北朝鮮《きたちょうせん》の人にも説教をし、アラブにも説教をし、ヨーロッパにも説教できる者が、日本から出てきてるんだ」ということを知ったほうがいい。

これにはニュース価値が本当にある。これが分からなかったら、マスコミ人としての目を疑われるよ。どうしようもない人を、応援したり、話題にしたりしてたら駄目で、それだと〝切腹《せっぷく》〟だよ。もうすぐ君たちが〝会津《あいづ》〟になるよ。本当に、NHKのドラマみたいに〝会津〟になっちゃうぞ。

こういうことを言っておきたいね。

ずっと待機してくれている中曽根《なかそね》元総理の守護霊《しゅごれい》

筑紫哲也　そろそろ、中曽根《なかそね》さん（守護霊《しゅごれい》）に替わろうか。え？

綾織　いや、これはこれで……。大丈夫《だいじょうぶ》です。

「幸福実現党は、霊界《れいかい》の筑紫さんからも、大きな期待をかけていただいている」ということが分かりました。本当にありがとうございます。

筑紫哲也　田原さんもいいけど、田原さん、「グランド・マスター」と言われて、うぬぼれて間違うといけないから、気をつけたほうがいいよ。「あれには冗談《じょうだん》も半分入ってるぞ」と言っとかないといけないと思うけどね。

俺は、グランド・マスターじゃなく、ミドル・グランド・マスターぐらいの立場かもしらんが、「マスコミは危ないぞ。君たち、ちゃんとした立場を取らないと、あとで恥《はじ》をかくよ。『良識がない』と言われることになるよ」ということだけは、はっきり言っておきたい。

加藤　今日は、夏の参議院選挙の前に、本当に大いなるメッセージを頂きました。ありがとうございます。

筑紫哲也　中曽根さん（守護霊）は、いることはいるんだが……。

加藤　中曽根さんの守護霊霊言は、日を改めて……。

筑紫哲也　いいのかい？

加藤　はい。日を改めて、お呼びいたします。

本来の収録の邪魔《じゃま》をしてでも、自分の思いを伝えたかった

筑紫哲也　俺のほうが長く見張ってたもので……。すまない。

綾織　お呼びする順番を間違えてしまい、申し訳ございませんでした。

筑紫哲也　そう?

綾織　本日は本当にありがとうございます。

筑紫哲也　邪魔《じゃま》をして、ごめんね。表題（「中曽根・元総理 最後のご奉公《ほうこう》」）に偽《いつわ》りが……。

綾織　いえいえ。とんでもないです。

筑紫哲也　こんなこと、過去にないよねえ。

綾織　初めてかもしれません。

筑紫哲也　初めてだよねえ。それほど、俺の思いが強かった。

加藤　どうしても伝えたいことがあったわけですよね。

筑紫哲也　伝えたかった。ずーっと伝えたかったんだけど、君らが、「筑紫哲也なんて、大したことはない」と思ってたから……。

綾織　非常に誤解をしておりました。申し訳ございません。

筑紫哲也　大川総裁の秘書たちまでもが反対し、一生懸命《いっしょうけんめい》、「後回しにしよう」とするんでさあ。

いや、俺、そんな男じゃないんだ。

朝日に入ったのも、偶然《ぐうぜん》なんだって！　本当に偶然なんだ。主筆がトイレに行って、いなかったために、点数が稼《かせ》げたんだ。俺の面接のときに、たまたま、主筆がトイレに行っちゃったんだよ。そのときに、「『愛読書は時刻表』って、面白《おもしろ》いですね」と言われ、みんなで盛り上がったので、点がだいぶ乗り、それで入れた。たまたま入っちゃったんだ。

だからさあ、それで人間の評価を全部決めないでくれよ。

矢内《やない》党首は血圧に気をつけて頑張《がんば》れ

筑紫哲也　朝日のなかにも、幸福の科学のファンは、けっこういるんだ。それを知ってる。そのことを公然と言ってる人もいるよ。

加藤　それは実際に感じます。筑紫さんから、そういうお話があったことを、幸福実現党の矢内《やない》党首にも、しっかりと伝えておきます。

筑紫哲也　（矢内）党首には、「自己卑下《じこひげ》しないで頑張《がんば》れ」と伝えてよ。血圧だけだから、気をつけなきゃいけないのは。

加藤　はい。伝えておきます。

筑紫哲也　あれ、血圧には気をつけないといけないな。あまり絶叫《ぜっきょう》してると、逝《い》ってしまうかもしれないからさ。

綾織　ありがとうございます。

筑紫哲也　あそこ、ときどき、メディカルチェックを入れないと駄目だよ。

加藤　しっかりと伝えます。

筑紫哲也　玉砕《ぎょくさい》する可能性があるからね。

幸福実現党の江夏《えなつ》幹事長の守護霊《しゅごれい》とは友達

綾織　今後も、天上界《てんじょうかい》から見守っていただき、アドバイスを頂ければ、ありがたいのですが。

筑紫哲也　うん。俺も、「グランド・マスター」と言われるぐらい、パワーをつけるつもりでいるからさ。

加藤　ぜひ、応援をお願いいたします。

黒川　今日は本当にありがとうございます。

筑紫哲也　おたくの幹事長の江夏《えなつ》さん（守護霊《しゅごれい》）は俺の友達だからね。

加藤　伝えておきます。

筑紫哲也　彼に「友達だから」と言っといてよ。守護霊と友達だから。

加藤　そうですか。驚《おどろ》きました。

筑紫哲也　「たまたま、ある職業を選択《せんたく》する」ということはあるんだけど、「（朝日が論調において）産経に全部〝吸収〟されるのか」と思うと、ちょっと情けないところもあるね。

綾織　いえいえ、「朝日の良心」はあると思います。

筑紫哲也　でも、基本的に、君らは、うれしいよなあ。「正しい記事が多かった」っていうことは本当だから。正しい記事の多かったところ（産経）が、ちょっと経営的に弱くなったけど、今、巻き返しに入ってるところかな。

中曽根さん（守護霊）を呼んでも、たぶん、俺の話と似たかたちの話をすると思う。ただ、彼の言うことは、ちょっと難しくて、若い人には分からないような言い方をなされると思うので、俺の話のほうが分かりやすいんじゃないかな。

選挙に間に合うよう、この霊言《れいげん》は早く出さなくてはいけない

筑紫哲也　出版社（幸福の科学出版）の社長は、「選挙（今年七月の参院選）に間に合わせなくてはいけないものを優先する」と言ってるじゃないか。（総裁宛《あ》ての）

今日の稟議《りんぎ》に、そう書いてあっただろう？　俺、ちゃんと見てたんだから（会場笑）。

綾織　失礼しました。

筑紫哲也　選挙に間に合わせるんだったら、俺の霊言《れいげん》は早く出なきゃいけない。

綾織　すぐに出します。

筑紫哲也　そう？

綾織　大丈夫です。

加藤　では、そろそろ終わらせていただきたいと思います。本当にありがとうございました。

筑紫哲也　ああ。すみませんでした（一回、手を叩《たた》く）。

加藤　これから、ご支援をよろしくお願いします。

10 「大いなる反省」が進むマスコミ界

強引《ごういん》に割り込《こ》み、驚《おどろ》くべき霊言《れいげん》をした筑紫哲也

大川隆法　あっと驚《おどろ》く霊言《れいげん》でした。強引《ごういん》に割り込《こ》んできましたね。

綾織　（笑）

大川隆法　これは、すごいですね。会場に来る途中《とちゅう》の廊下《ろうか》で、「あら？　筑紫哲也の霊がいるな」と感じたのですが……。

綾織　招霊《しょうれい》された霊を、別の霊が飛ばせるものなのでしょうか、「どけ！」と言っ

て。

大川隆法　いや、普通《ふつう》は無理なのですが、中曽根《なかそね》さん（守護霊《しゅごれい》）の意欲が少し弱かったのでしょう。

綾織　気持ちの強さの問題でしょうか。

大川隆法　中曽根さん（守護霊）の意欲が、ちょっと……。やはり、お膳立《ぜんだ》てをし、「大勲位殿《だいくんいどの》、どうぞ」というような扱《あつか》いをしなくてはいけないので、その隙《すき》に筑紫さんが来たわけですね。ここまで攻《せ》め込んでくるとは思いませんでした。

黒川　ただ、回心《かいしん》ぶりには驚きました。

大川隆法　驚きましたね。

黒川　生前から、信仰心《しんこうしん》の芽生《めば》えのようなものがあったのでしょうか。

大川隆法　うん。ありましたね。それを感じていたでしょう。

黒川　「そのおかげで、天上界《てんじょうかい》に還《かえ》ってから回心できたのではないか」と思います。

大川隆法　確かに真理や善を求めてはいたのでしょう。ただ、何が正しいかが分からなかった面はあったのでしょう。

綾織　これは大きな転向です。

大川隆法　すごい転向ですね。今日の霊言の題を、みんなで考えなくてはいけない(笑)。

綾織　はい(笑)(会場笑)。そうですね。

大川隆法　どういう題を付けたらよいでしょうかね。

生前と死後で、ここまで考え方が違《ちが》うのは珍《めずら》しい

加藤　生前とここまで考えが違《ちが》うことがあるのでしょうか。霊界《れいかい》に還ることで見方が変わって……。

大川隆法　いや、これは珍《めずら》しいですよ。

加藤　やはり珍しい？

大川隆法　そう。さすがに、これは珍しい。珍しいけれども、それは、「この人には使命感がある」ということだと思います。
　この人は、「NEWS《ニュース》23《ツースリー》」のキャスターを、少なくとも十年ぐらいは務めたのでしょうか。

綾織　そうですね。そのくらいは……。

大川隆法　あの番組が始まったのは一九八九年ごろだったでしょうか。

加藤　平成元年（一九八九年）からです。

黒川　キャスターを務めた期間は二十年近いと思います。

大川隆法　本人は「もう忘れられている」と思っているかもしれませんが、その間《かん》、一千万人ぐらいには、ずっと影響《えいきょう》を与《あた》えていたのでしょうね。

綾織　あの番組を見るたびに腹が立っていたのですが（笑）（会場笑）、今日の筑紫さんの発言内容は生前とは全然違いました。

大川隆法　あの世へ行ったら、真実が全部分かったのでしょう。それで反省したのでしょうね。

生前の立場は左翼《さよく》系だったのかもしれませんが、個人としては、おそらく、「いい人」だったのでしょう。本多《ほんだ》さんとはまた違ったタイプですね。

加藤　過去の幾転生《いくてんしょう》で培《つちか》ってきた、「求める心」が出てきたのでしょうか。

大川隆法　「それが出てきた」ということでしょう。

加藤　それなりに何か使命があり、生前も使命に基《もと》づいた生き方ができた可能性も……。

大川隆法　そうそう。死後、彼の守護霊などが来て、彼に対し、かなり説教をしたのだと思います。「おまえはチャンスを逃《のが》した。せっかく、ああいう立場にあったのに、使命を果たすことができなかったではないか」と言われ、かなり反省をさせられたのでしょう。

「創業者の精神に反していた」と告げに来た、野間佐和子《のまさわこ》の霊

大川隆法　講談社の話まで出てきました。

綾織　はい。これはニュースですね。

大川隆法　だから、こういうこと（死後の回心）が、ほかにも起きているわけです。「野間佐和子《のまさわこ》は、手を合わせ、『すみませんでした。すみませんでした』とばかり言っている」と、筑紫さんは言っていました。彼女が死んで、もう二年になったでしょうか（二〇一一年三月三十日没《ぼっ》）。彼女も回心しているようです。野間佐和子の霊は、一回、夜中に私のところに来たことがあります。

綾織　そうですか。

大川隆法　「自分の霊言を出してもよい」と言ってきたのですが、私のほうが、「いくらなんでも……。やめておきましょう」と言い、断ったのです。

彼女の霊は、「自分には講談社の創業者の精神に反するものがあった」と言っていましたし、「幸福の科学に対して、悪いことをした」ということを認めていたので、もしかしたら、反省が少しは始まっているのかもしれません。

「自分が流した情報公害を消したい」と考えている筑紫哲也

大川隆法　筑紫さんの霊言を世間《せけん》が信じるかどうかは知りません。ただ、筑紫さんが熱意を持っていたことは事実です。真実を知ったら、かつての仲間に、それを教えたくなるのでしょう。「かつての仲間に何とかして言っておかなくてはいけない」という気持ちは、矢内《やない》党首が朝日新聞社の前で街宣をしたくなる気持ちと同じなのではないでしょうか。

加藤　霊言の冒頭《ぼうとう》の十分ぐらい、私は、正直に言うと、「本当に筑紫さんなのかな」と少し疑っていたのですが、ただ、「この人は、何か大切なことを伝えたいのだ」ということを強く感じました。

大川隆法　そうそう。

加藤　今日の霊言には、ＤＶＤや書籍《しょせき》になっても、十分に伝わるものがあると感じますので、「マスコミが変わってくる、一つのきっかけになれば」と思います。

大川隆法　やはり、腹が立った分だけ、生前の彼には情報公害として垂れ流したものがあったでしょうから、「それを消したい」ということだと思います。

綾織　なるほど。

大川隆法　それは、おそらく、自分で取り消さないかぎり、消えないのではないでしょうか。それを聞いた人たちが、今も、この世で生きているから、あの世で自分が勝手に反省しただけでは消えないのだと思います。だから、この世に生きている人たちに間違いを教えなくてはいけないのでしょう。

当会の信者には、中央大学の学者で、実存主義哲学《てつがく》を教えていたものの、私の著書を読んで、「自分は間違っていた」と思い、一生懸命《いっしょうけんめい》、卒業生たちに私の著書を献本《けんぽん》し、「間違ったことを教えました。ごめんなさい」というような手紙を出して謝《あやま》った人がいます。そのように、良心に痛みを感じる人は、やはりいるわけですね。

筑紫さんは、たぶん、あの世に還ってから、霊的な衝撃《しょうげき》をかなり受けたのだと思います。おそらく、ポテンシャル（潜在《せんざい》能力）はあった人で、本来は違う使命を持っていたのかもしれませんが、「そこまで行かなかった」というところでしょうか。

彼は、「一回、会いたかった」と言っていましたが、私は彼に会いませんでした。それが悪かったのかもしれません。

彼は、一九九一年に、「NEWS23」のなかで、優勝トロフィーのようなものを示し、「大川総裁本人が、スタジオに来て、この番組に出てくれたら、これを差し上げます。でも、このスタジオに来ないかぎり、絶対に差し上げません」と言っていたらしいのです。

しかし、私にとって、「NEWS23」の放送時間は、「そろそろ消灯」という時間帯なので（笑）、あの番組とは付き合っていませんでした。

「筑紫哲也氏が『会いたい』と言っていた」という話は耳にしたのですが、正式な出演要請等があったわけではないので、私は大して本気にはしなかったのです。

私が彼に会っていれば、もしかしたら、その後《ご》の彼は違っていたかもしれませんね。

マスコミは、この霊言《れいげん》を信じるのか、信じないのか

大川隆法　今日の霊言《れいげん》は、今、当会がマスコミを攻めていることの成果なのかもしれません。

黒川　これは影響が大きいと思います。けっこう、左派系のジャーナリストは筑紫さんを理想の姿として見ているので……。

大川隆法　そうそう。

黒川　この回心、転向には、とても大きな影響があると思います。

大川隆法　確かに、彼には、一見、人格者に見える面もありますね。

黒川　仲間からは非常に好かれていたようです。

大川隆法　そうそう。

ただ、こちらは、彼について、「話をしても、あまりはっきりした意見を言わないタイプの人かな」というぐらいにしか思っていませんでした。田原《たはら》さんについては、「きつい人だろう」と思っていましたが、筑紫さんについては、「温和な感じの人だから、呼んでも、大して言うことがないのではないか」という先入観が、こちらにはあったのです。

でも、今日の霊言は面白《おもしろ》いのではないでしょうか。選挙前なので、刺激《しげき》としては、よいのではないかと思います。

加藤　衝撃は大きいでしょう。マスコミ界に一つの衝撃が走ると思います。

大川隆法　これを信じなくても結構ですが、「信じるか、信じないか」ということを突《つ》きつけられる面はあるでしょう。だから、「信仰心があるかどうか」ということを問われるわけですね。

以前、何かの新聞に、世界三十カ国で実施《じっし》された、「神の存在を信じるか」という調査の結果が載《の》っていました。

日本は四・三パーセントで、三十カ国中、最下位でした。日本には神の存在を信じる人が約四パーセントしかいないわけですが、これで、幸福実現党がなかなか得票できない理由が窺《うかが》えるかもしれません。ただ、現在、国政選挙での得票率で二パーセント程度の幸福実現党は、日本で神を信じている人たちの半分ぐらいを押《お》さえていることになるので、これは大変なシェアですね。

しかし、この調査結果は訊《き》き方にも影響されるでしょう。今年は伊勢神宮《いせじんぐう》の二十年に一度の「式年遷宮《しきねんせんぐう》」なので、約一千万人が伊勢神宮にお参りをするようです。

　したがって、日本と外国では、「信仰心」という言葉や、「神を信じている」ということの定義の仕方が違うのかもしれません。日本の「神」と西洋の「ゴッド」では定義が違うだけのことなのかもしれないのです。

　日本人に、「チャンスがあれば、お伊勢さんにお参りをしたいと思いますか」という問い方をしたら、七割や八割の人が、「そうしたい」と答えるのではないでしょうか。実は、このレベルが、海外では、通常、「信仰心があって、神を信じている」ということになるのかもしれません。そうであれば、「日本では、誘導尋問《ゆうどうじんもん》的な質問によって、世論《せろん》が操作されている」と言えるのではないでしょうか。

「パウロの回心《かいしん》」にも似た「筑紫哲也の大回心」

大川隆法　筑紫さんは中曽根さん（守護霊）を〝蹴《け》っ飛ばして〟出てきたわけですが、これもリアリティの一つです。今日の霊が中曽根さん（守護霊）でないことは明らかです。中曽根さん（守護霊）は、次にお呼びしたときには出てこられると思います（注。この収録の翌日、中曽根・元総理の守護霊霊言を収録した）。

筑紫さんのほうが、確かに、先に声はかかっていました。

今日のようなことが起こるのは、ややショックではありますが、こういうハプニングがあることも、「あの世とこの世で本当に交流しているのだ」ということの実証でしょう。

（会場の扉《とびら》を指して）そこまでは中曽根さん（守護霊）で行けたのです。ところが、この会場に入る前、私は、「筑紫さんが来ているな」と感じ、秘書に、「もしかしたら、邪魔《じゃま》が入るかもしれない」と言いました。

ただ、今まで公開霊言の収録を妨害《ぼうがい》されたことはないので、「行けるかな」と思ったのですが、〝大勲位〟が動いてくるのが少し遅《おそ》かったようです（会場笑）。「麗々《れいれい》しく招霊《しょうれい》されるのを待っていたため、マスコミ人のほうが早かった」ということですね。

筑紫さんは、こちらの予定を〝裏返し〟にしてしまいましたが、それだけ、「緊《きん》急《きゅう》にメッセージを伝えたかった」ということでしょう。

加藤　今日の霊言は、本当に、マスコミ界が変わっていく大きなステップになるでしょうし、私たちも勇気を頂くことができました。ありがとうございます。

大川隆法　その試金石になってくれるといいですね。

でも、確かに、彼には言う資格があるのかもしれません。十年以上、テレビに出続けた人ですからね。今、同じようなタイプの人が、ちょうど〝当たっている〟ので、言う資格はあるかもしれません。

例えば、櫻井《さくらい》よしこさん（守護霊）を呼べば、言うことの内容は、だいたい事前に読めるでしょう?

綾織　はい。そうですね。

大川隆法　だから、そういう霊言をあえて収録したりはしませんけどね。まあ、回心《かいしん》ですね。「パウロの回心」のような感じです。

黒川　そうですね。

綾織　素晴《すば》らしいことです。

大川隆法　マスコミ等に対して効果があるかどうか……。まあ、以上でした。

質問者一同　ありがとうございます。

あとがき

私たちはどうやら誤解していたようだ。

テレ朝「報道ステーション」のメインキャスター・古舘《ふるたち》伊《い》知《ち》郎《ろう》氏の守護霊、「朝《あさ》生《なま》」の司会者・田原総一朗《たはらそういちろう》氏の守護霊をたて続けに呼んだあと、五年前に亡くなったTBSの「NEWS《ニュース》23《ツースリー》」のメインキャスターの筑紫哲也氏を呼んでも、どうせ朝日系の同じディベイトになると思っていたのだ。

しかし、結果はあっと驚く展開を始めた。彼は帰天後、大回心《だいかいしん》をなし、自分の生前のフィロソフィーを投げ捨てて宗教的な悔悟《かいご》をとうとうと語り続けたのだ。

「マスコミが間違えば、この国に未来はない」――、そのことへの責任感と懸命な熱意があったのだ。もともと宗教的人格があった人が、その霊的な眼を開かないままに帰天した時、突如の大光明に照らされて、一大回心がなされることもあるのだ。まるでパウロの「ダマスコの回心」を思わせるようなメッセージであった。あやまてるマスコミ人たちへの救国のメッセージと言ってよいだろう。

二〇一三年　六月六日

幸福実現党総裁《こうふくじつげんとうそうさい》　大川隆法《おおかわりゅうほう》

『筑紫哲也の大回心』 大川隆法著作関連書籍

『NHKはなぜ幸福実現党の報道をしないのか』（幸福の科学出版刊）

『日米安保クライシス――丸山眞男 vs. 岸信介――』（同右）

『朝日新聞はまだ反日か――若宮主筆の本心に迫る――』（同右）

『バーチャル本音対決
――TV朝日・古舘伊知郎守護霊 vs. 幸福実現党党首・矢内筆勝――』（幸福実現党刊）

『本多勝一の守護霊インタビュー』（同右）

『憲法改正への異次元発想
――憲法学者NOW・芦部信喜 元東大教授の霊言――』（同右）

『田原総一朗守護霊 vs. 幸福実現党ホープ』（同右）

『財務省のスピリチュアル診断』（同右）

『日銀総裁とのスピリチュアル対話』（同右）

『平成の鬼平へのファイナル・ジャッジメント
――日銀・三重野総裁のその後を追う――』（同右）
『HS政経塾・闘魂の挑戦』（HS政経塾刊）

筑紫哲也《ちくしてつや》の大回心《だいかいしん》 ──天国からの緊急メッセージ──

2013年6月13日　初版第1刷

著　者　大《おお》川《かわ》隆《りゅう》法《ほう》

発　行　幸福実現党
〒107-0052 東京都港区赤坂2丁目10番8号
TEL(03)6441-0754

発　売　幸福の科学出版株式会社
〒107-0052 東京都港区赤坂2丁目10番14号
TEL(03)5573-7700
http://www.irhpress.co.jp/

印刷・製本　株式会社 堀内印刷所

ISBN978-4-86395-348-2 C0030

大川隆法霊言シリーズ・日本復活への提言

渡部昇一流・潜在意識成功法

「どうしたら英語ができるようになるのか」とともに

英語学の大家にして希代の評論家・渡部昇一氏の守護霊が語った「人生成功」と「英語上達」のポイント。「知的自己実現」の真髄がここにある。

1,600円

竹村健一・逆転の成功術

元祖『電波怪獣』の本心独走

人気をつかむ方法から、今後の国際情勢の読み方まで──。テレビ全盛時代を駆け抜けた評論家・竹村健一氏の守護霊に訊く。

1,400円

幸福実現党に申し上げる

谷沢永一の霊言

保守回帰の原動力となった幸福実現党の正論の意義を、評論家・谷沢永一氏が天上界から痛快に語る。驚愕の過去世も明らかに。　【幸福実現党刊】

1,400円

日下公人のスピリチュアル・メッセージ

現代のフランシス・ベーコンの知恵

「知は力なり」──。保守派の評論家・日下公人氏の守護霊が、いま、日本が抱える難問を鋭く分析し、日本再生の秘訣を語る。

1,400円

大川隆法 霊言シリーズ・日本の自虐史観を正す

公開霊言 東條英機、「大東亜戦争の真実」を語る

戦争責任、靖国参拝、憲法改正……。他国からの不当な内政干渉にモノ言えぬ日本。正しい歴史認識を求めて、東條英機が先の大戦の真相を語る。

【幸福実現党刊】

1,400円

神に誓って「従軍慰安婦」は実在したか

いまこそ、「歴史認識」というウソの連鎖を断つ! 元従軍慰安婦を名乗る2人の守護霊インタビューを刊行! 慰安婦問題に隠された驚くべき陰謀とは!?

【幸福実現党刊】

1,400円

従軍慰安婦問題と南京大虐殺は本当か?

左翼の源流 vs. E.ケイシー・リーディング

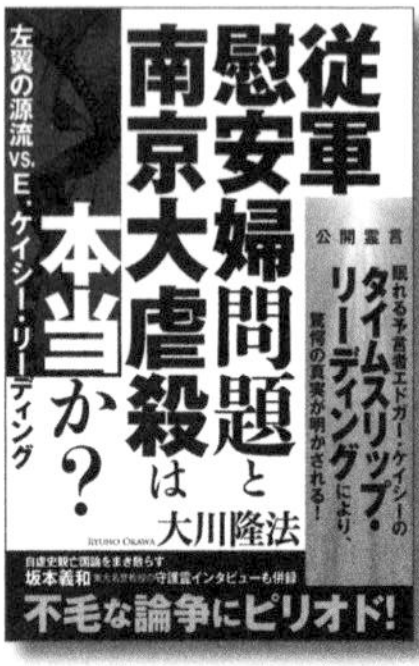

「従軍慰安婦問題」も「南京事件」も中国や韓国の捏造だった! 日本の自虐史観や反日主義の論拠が崩れる、驚愕の史実が明かされる。

1,400円

※表示価格は本体価格(税別)です。

大川隆法 霊言シリーズ・憲法九条改正・国防問題を考える

スピリチュアル政治学要論

佐藤誠三郎・元東大政治学教授の霊界指南

憲法九条改正に議論の余地はない。生前、中曽根内閣のブレーンをつとめた佐藤元東大教授が、危機的状況にある現代日本政治にメッセージ。

1,400円

憲法改正への異次元発想

憲法学者NOW・芦部信喜 元東大教授の霊言

憲法九条改正、天皇制、政教分離、そして靖国問題……。参院選最大の争点「憲法改正」について、憲法学の権威が、天上界から現在の見解を語る。

【幸福実現党刊】

1,400円

北条時宗の霊言

新・元寇にどう立ち向かうか

中国の領空・領海侵犯、北朝鮮の核ミサイル……。鎌倉時代、日本を国防の危機から守った北条時宗が、「平成の元寇」の撃退法を指南する!

【幸福実現党刊】

1,400円

幸福の科学出版

大川隆法霊言シリーズ・中国の今後を占う

中国と習近平に未来はあるか

反日デモの謎を解く

「反日デモ」も、「反原発・沖縄基地問題」も中国が仕組んだ日本占領への布石だった。緊迫する日中関係の未来を習近平氏守護霊に問う。
【幸福実現党刊】

1,400円

周恩来の予言

新中華帝国の隠れたる神

北朝鮮のミサイル問題の背後には、中国の思惑があった！ 現代中国を霊界から指導する周恩来が語った、戦慄の世界覇権戦略とは!?

1,400円

小室直樹の大予言

2015年 中華帝国の崩壊

世界征服か？ 内部崩壊か？ 孤高の国際政治学者・小室直樹が、習近平氏の国家戦略と中国の矛盾を分析。日本に国防の秘策を授ける。

1,400円

大川隆法 ベストセラーズ・希望の未来を切り拓く

未来の法

新たなる地球世紀へ

暗い世相に負けるな！ 悲観的な自己像に縛られるな！ 心に眠る無限のパワーに目覚めよ！ 人類の未来を拓く鍵は、一人ひとりの心のなかにある。

2,000円

Power to the Future

未来に力を

英語説法集
日本語訳付き

予断を許さない日本の国防危機。混迷を極める世界情勢の行方——。ワールド・ティーチャーが英語で語った、この国と世界の進むべき道とは。

1,400円

日本の誇りを取り戻す

国師・大川隆法 街頭演説集 2012

2012年、国論を変えた国師の獅子吼。外交危機、エネルギー問題、経済政策……。すべての打開策を示してきた街頭演説が、ついにDVDブック化！

【幸福実現党刊】

街頭演説
DVD付

2,000円

※表示価格は本体価格（税別）です。

幸福実現党

国政選挙
候補者募集！

幸福実現党では衆議院議員選挙、
ならびに参議院議員選挙の候補者を公募します。
次代の日本のリーダーとなる、
熱意あふれる皆様の
応募をお待ちしております。

応募資格	日本国籍で、当該選挙時に被選挙権を有する幸福実現党党員 (投票日時点で衆院選は満25歳以上、参院選は満30歳以上)
公募受付期間	随時募集
提出書類	① 履歴書、職務経歴書(写真貼付) ※希望する選挙、ならびに選挙区名を明記のこと ② 論文:テーマ「私の志」(文字数は問わず)
提出方法	上記書類を党本部までＦＡＸの後、郵送ください。

幸福実現党本部
〒107-0052　東京都港区赤坂 2-10-8
TEL 03-6441-0754　FAX 03-6441-0764